KB005250

The Gift

세상의 모든 선물

일상을 기적으로 만드는 99가지 이야기

스테파노스 크세나키스 지음 | 문형렬 옮김

The Gift

세상의 모든 선물

일상을 기적으로 만드는 99가지 이야기

발행일
2021년 12월 15일 초판 1쇄

지은이	● 스테파노스 크세나키스
옮긴이	● 문형렬
펴낸이	● 김종해
펴낸곳	● 문학세계사
출판등록	● 1979. 5. 16. 제21-108호

주소	● 서울시 마포구 신수로 59-1(04087)
대표전화	● 02-702-1800
팩스	● 02-702-0084
이메일	● mail@msp21.co.kr
홈페이지	● www.msp21.co.kr
페이스북	● www.facebook.com/munsebooks

ⓒ 스테파노스 크세나키스, 2021
ISBN 978-89-7075-548-9 03190

Designed by rawpixel.com(Freepik)

The Gift

세상의 모든 선물

일상을 기적으로 만드는 99가지 이야기

스테파노스 크세나키스 지음 | 문형렬 옮김

문학세계사

삶이라는 선물

초등학교 5학년 때의 기억이지만 그 일은 꼭 어제 일같이 느껴집니다. 사람들이 볼 수는 있지만, 관찰할 수 있는 사람은 거의 없었던 것을 과학 교과서에서 읽은 것이 기억납니다. 그 무렵 나는 잘 이해되지 않던 일이었습니다. 그러나 나는 행간의 보다 깊은 곳이 의미하는 바를 이해했습니다. 나 역시 관찰하는 방법, 재빨리 눈에 담아 기억하는 방법을 배웠지만, 그것들 대부분은 내 영혼 속에 담긴 순간의 장면들이었습니다. 그 사소한 것들은 가령, 일몰, 꽃, 미소, 동의한다는 끄덕거림 같은 것이었습니다. 나는 모든 곳, 추한 것에서조차도 아름다움을 보는 법을 파악했습니다.

그러면서 나는 아름다움을 공유하는 법도 배우게 되었습니다. 어떻게 내 삶이 타인들의 삶과 연결되어 하나가 되는지를 이해했지요. 그것이 바로 내 삶의 진정한 목표라는 것을 깨닫게 되었습니다.

그 후 나는 기회를 포착하고, 두려움과 직면하고, 내가 가진 신념에 의문을 가지며, 안락한 내 영역을 벗어나는 나를 발견했습니다. 나는 매일, 매시간, 매 순간으로부터 탈출하는 법을 배웠습니다.

당당히 머리를 들고, 미소를 짓고, 내가 옳다고 생각하는 것을 말하고, 좋은 말을 하고, 말하기 전에 생각하고, 꿈을 위해 열심히 일하는 방법을 익혔습니다. 어떤 것도 접시에 고이 담겨서 내 앞에 차려지는 것은 없었어요. 하루하루, 매분 단위로 내 삶을 스스로 챙겨야 한다는 것을 나는 알게 되었습니다.

사랑하는 삼촌은 '음식은 네 입 속에 있는 동안만 너의 음식'이라고 말하곤 했지요. 그것이 왜 음식을 잘 씹어야 하는가 하는 이유이죠. 일단 목으로 삼키면 그만입니다. 음식은 사라져버리지요. 인생이 바로 그것과 마찬가지라는 것입니다. 나는 엄마가 만드는 최고의 요리를 맛보듯 진정으로 삶을 맛보는 법, 매 순간의 풍미를 맛보는 법을 배웠습니다.

어느 날, 전해지는 이야기에 따르면, 한 농부가 밭을 갈고 있었습니다. 어느 순간 곡괭이가 뭔가에 부딪혀 그만 부러졌습니다. 농부는 화가 났지만 자신의 곡괭이를 부러뜨린 것이 무엇인지 알아보기 위해 몸을 구부렸습니다. 그것은 상자였습니다. 상자를 연 농부는 보물을 발견했습니다. 그 농부처럼 나도 삶이라는 상자를 열어야 한다는 것을 알게 되었습니다. 비록 포장이 맘에 들지 않더라도, 최고의 선물은 보기 흉하게 포장이 되어 오기도 하니까요. 결국 나는 삶 자체가 선물이란 것을 배웠습니다.

그리고 마침내 나는 나의 실수를 받아들이게 되었습니다. 나는 그 선물들을 존중하고 사랑하고, 함께하며, 나 자신을 사랑했습니다. 모든 열쇠는 나에게 있었습니다. 나는 실수하지 않으려고 애쓰기보다 더 많은 실수를 하도록 나 자신을 놓아두었어요. 그랬더니 오히려 실수를 덜 하게 되더군요.

10년 전, 저는 기적의 노트에 이 이야기를 쓰기 시작했습니다. 이 이야기를 나는 감사해야 할 일들의 목록이라고 이름 지었지요. 처음에 나는 감사할 것을 발견하지 못했지만 점차 감사할 일들의 리스트를 적기 시작하게 되더군요. 마지막에는 스스로도 말릴 수 없을 정도가 되었습니다. 내가 본 모든 것은 기적이었기 때문이었지요. 내가 말할 수 있고, 걸을 수 있고, 힘든 하루를 보낸 나를 기다리는 따뜻한 침대가 있다는 것이 바로 그 기적들이었으니까요. 그렇게 제 삶은 변화했고 아름다움이 넘쳐흘렀어요. 나는 아름다움이란 단지 내가 본 것에만 있는 것이 아니라 내 눈이 기억하는 것 속에 있다는 것을 깨달았습니다.

그 깨달음이 있은 후 나는 항상 노트를 가지고 다녔습니다. 직장에서, 기차 안에서, 집에서, 어디에서든 나는 썼지요. 나는 소중한 말들로, 놀라운 기적들로 글을 썼고 내 책꽂이는 셀 수 없는 노트로 채워졌어요.

그러자 너무나도 마법 같은 일이 갑자기 일어났습니다. 어느 날 나는 자신을 위한 글쓰기를 멈추고, 주변 사람들을 위해 글을 쓰기 시작했으니까요. 나는 내게서 쏟아져 나오는 이 굉장한 것들을 나누기 시작했습니다.

당신이 들고 있는 바로 이 책, 일상을 기적으로 만드는 99가지 이야기 『세상의 모든 선물』은 생명으로 세상에 나온 것입니다.

나의 인생. 우리의 삶. 아주 짧은 이야기와 수많은 사랑. 이 책이 나와 함께 아름다움을 공유하는 데 도움이 되었으면 합니다. 단 한 사람을 감동시킨다 할지라도 이 책은 쓸 만한 가치가 있었습니다. 내게는 여기까지 이를 가치가 있었습니다.

스테파노스 크세나키스

목차

토끼 릴리

나는 깜짝 놀랐다. 아침 7시에 전화가 울리는 일은 별로 없기 때문이다. 보통 딸들에게 굿모닝, 하고 전화를 거는 사람은 난데, 전화를 건 사람은 큰 딸이었다. 딸은 흐느끼고 있었다.

"아빠, 릴리가 죽었어요. 오늘 아침 토끼장에서 죽어 있는 것을 봤어요."

릴리는 딸의 토끼 이름이었다.

딸이 울음을 그칠 때까지 나는 아무 말 없이 한참 기다렸다.

"에이브라, 사랑하는 딸아. 우리가 릴리와 몇 년 동안 함께 했지?"

"길진 않아요, 아빠. 5~6년쯤이어요."

"그래, 에이브라…그게 토끼의 수명이란다."

딸은 흐느꼈다.

"애야, 우리가 태어난 순간부터 단 한 가지 확실한 것은, 언젠가 우리는 죽는다는 것이란다."

모든 것은 끝나기 위해 시작되는 것.
그리고 모든 것은 다시 시작하기 위해 끝나는 것.

"릴리의 6년은 사람의 생애로 보자면 100년일 거야. 릴리는 새끼를 낳고 행복하게 살았어. 사랑하고 사랑받았지. 릴리처럼 이렇게 멋진 삶을 사는 사람은 많지 않단다, 애야."

딸은 잠자코 있었다.

"우리 모두도 언젠간 떠날 거란다, 애야. 릴리는 사람으로 치면 100년을 살았어. 너는 얼마나 살 계획이니? 2백 년? 3백 년?"

딸이 웃으라고 나는 그렇게 말해주었다.

아이들은 어릴 때부터 삶의 실제를 알아차려야 한다. 아이들에게 지나친 보호는 필요하지 않다. 나는 아버지가 쓰던 삽을 들고 릴리를 상자에 넣었다. 나는 학교에서 딸들을 태우고 왔다.

"얘들아, 릴리를 같이 묻지 않을래?"

막내는 골똘히 생각에 잠겨 있었고, 큰딸은 1~2초 정도 망설이더니 마침내 고개를 끄덕였다. 우리는 집 근처 우리가 특별히 좋아하는 언덕으로 갔다. 그곳은 늦은 오후가 되면 황금빛으로 변하는 바다가 보이는 곳이었다.

우리는 바위가 별로 많지 않은 곳을 발견하고 작은 구멍을 팠다. 나는 릴리를 상자에서 꺼내 작고 어린 신부라도 되듯이 릴리를 흰 티슈페이퍼에 쌌다. 나는 릴리를 안고 있었기 때문에 릴리를 무덤에 넣을 수라도 있었지만, 큰 애는 아무것도 할 수 없었다. 큰 애는 마치 엄마가 아기를 품에 안듯이 내게서 릴리를 받아 안았다. 그리고 조심스럽게 티슈페이퍼를 벗겨 내고 릴리를 들어 올려서는 마지막 입맞춤을 했다. 그리고는 조심스럽게 릴리를 무덤 안에 놓고, 릴리가 배고프지 말라고 그 위에 상추 잎 몇 장을 놓았다.

"눈을 감아, 내 작은 릴리야."

큰 딸이 울었다. 그리고 그 아이는 릴리 옆에 시클라멘 꽃잎 몇 장을 놓았다. 우리는 우리가 사랑했던 토끼가 안식에 든 곳이 어디인지를 기억하기 위해 큰 돌 두 개로 릴리의 무덤 위를 덮었다.

그런 다음 우리는 아이스크림을 먹으러 갔다.

"모든 것이 삶의 일부란다, 애들아. 모든 것은 하나지. 좋은 것과 나쁜 것을 구분하는 존재는 바로 우리 사람들뿐이란다. 비와 햇빛, 삶과 죽음, 사랑과 두려움도 하나지. 바다와 산, 고요와 폭풍도 하나란다. 햇빛이 비치고 난 뒤 비가 오고, 여름 뒤에 겨울이 오고, 좋은 일 후에 나쁜 일이 생기듯이. 나는 좋은 것들만 좋아하는 데 익숙했지. 그런데 지금은 좋은 것 나쁜 것 둘 다 좋아한단다."

나는 딸들의 기분을 조금 누그러뜨리기 위해 노력하면서 그렇게 말해주었다. 물론 나는 어떤 대답을 기대하지는 않았다. 그런데 막내가 기가 막히는 대답을 했다.

"그래서, 아빠는 아빠가 싫어하는 것을 좋아한다고 말하고 있는 거야?"

부모님을 공경하라

그 키 큰 이는 테살로니키 출신의 내 친구다. 아마 180cm는 넘을 것이다. 그가 아테네에 올 때마다 우리는 한두 잔 정도 마시러 나간다. 와인은 언제나 진실을 달래곤 한다.

그가 말했다.

"스테파노, 우리 아빠가 여자에 대해 말하곤 했던 게 있는데 말이야."

그의 입꼬리에 미소가 잠깐 번득였다.

"남자에게는 가장 나쁜 품질의 것이 여자에겐 최고라고⋯."

우리 둘은 폭소를 터뜨렸다. 그 까닭은 그의 과장된 표현 때문이 아니라 대부분은 그가 말하는 방식 때문이었다.

그랬는데 갑자기 이 친구가 울기 시작했다. 처음엔 조용하던 울음이 점점 격렬해졌다.

급기야 그는 흐느끼고 있었고, 나는 그가 왜 우는지, 어떻게 반응해야 하는지 알 수 없었다. 얼마 동안 나는 우는 친구를 방해하지 않으려고 아무 말도 하지 않다가 이윽고 물었다.

"이보게 친구, 무슨 일인가?"

"내 아버지 말일세…. 몇 년 전에 갑자기 돌아가셨어. 나는 그야말로 개자식이었지. 아버지한테 내가 얼마나 아버지를 사랑하는지 한 번도 말한 적이 없었으니 말이야. 돌아가시고 난 후에야 아버지가 얼마나 좋은 사람이었는지를 깨달았으니까"

나는 그와 함께 앉아서 그가 상처받은 만큼 가슴 아파했다.

우리는 좋은 것을 그냥 당연한 것으로 여기고 받는다. 우리 부모들도 어느 맑은 날 아침 이 세상을 떠나간다. 우리 또한 그 친구처럼, 부모에게 사랑한다고 말하고 싶었지만 한 번도 말하지 못한 것이 마음의 짐으로 남을 수 있다. 만약 당신의 부모님께서 아직 살아계신다면, 당장 일어나서 찾아가야 한다. 오늘 바로.

당신이 나이가 들어갈 때도
세상은 멈춰 서 있지 않는다.

부모님을 안아드리세요.

안아드리는 것을 두려워하지 마세요.

그리고 당신이 얼마나 사랑하는지 말씀드리세요.

부모님은 당신을 위해 많은 것을 하셨어요.

당신이 자식을 가져봐야만 부모님이 하신 많은 것을 깨달을 수 있겠지요.

부모님은 당신에게 어떤 보상도 바라지 않아요.

오직 바라는 것이라면 당신이 부모님을 사랑해드리는 것.

그게 전부입니다.

그리고 당신은 당신의 사랑을 보여드리는 것.

부모님께서 실수하신 게 있다면 그것은 자식을 위한 최선의 뜻이었을 뿐.

그것을 용서해드리세요.

그들의 부모님도 당신 부모님처럼 자식을 대하고

당신도 부모님들처럼 당신 자녀들을 대할 것이고

당신의 아이들이 와서 당신을 안아줄 때가 올 것이고

당신을 용서하겠죠.

당신의 부모님과 친구들을 사랑하십시오.

당신의 자녀들을 사랑하는 방식대로.

당신의 부모님이 안 계셨다면 당신의 아이들이 존재할 수 없었을 것입니다.

미소가 깨우쳐 주는 것

나는 늘 다른 차에게 길을 양보한다. 그것은 나를 행복하게 하는 것 가운데 하나다. 어느 날 아침 슈퍼마켓 앞을 지나가다가 주차장을 나오려 하는 작은 차를 보았다. 나는 그 차보다 앞에 있었는데, 그 차 운전자는 내가 그녀를 먼저 지나가게 하려는 것을 아는 데 1~2초가량 걸렸던 것 같다. 그녀는 짧고 매력적인 헤어스타일에 운전을 잘하는 60대 여인이었다. 그녀는 양손으로 운전대를 잡고 있었다. 그녀는 정중하게 미소를 지으며 차를 내 차 앞으로 몰아나갔다. 그리고 그녀는 고속도로로 나가기 직전 나를 다시 쳐다보았다. 나를 향해 얼굴을 돌리더니 또다시 미소를 지었다. 이번에는 얼굴의 모든 특징, 아마도 그녀의 전부를 그 미소로 보여주는 것 같았다. 그보다 더 아름다운 미소는 지을 수 없을 듯한 그런 미소였다. 미소가 가라앉으며 그녀의 눈꺼풀이 감사의 뜻으로 부드럽게 내려앉았다. 그것은 첫 번째 파도가 해변에서 부서진 직

후 두 번째 부서지는 파도 같은, 예상치 못했던 훨씬 더 강렬한 무엇이었다. 숙녀는 떠났지만 그녀의 미소는 그 후에도 오랫동안 내 영혼을 위로해주었다. 이런 느낌이 그렇게 강한 것이 되리라고는 정말 믿기 어려웠다.

반나절이 지난 이른 저녁 시간, 나는 오른쪽 길가에 차를 세우고 전화로 문자를 보내던 중이었다. 내 시야 한구석으로 옆의 낮은 길에 있는 차 한 대가 들어왔다. 신호등이 녹색으로 바뀌었을 때 그 차의 운전자가 뭔가 물어볼 것이라도 있는 것처럼 나를 바라보고 있는 것을 알았다. 그는 터져나갈 듯 붐비는 도로로 진입하려 하고 있던 참이었다. 그는, 그가 속한 학년의 앨범 사진 속에서 금방이라도 찾아낼 수 있을 것 같은 얼굴로 만면에 웃음을 띠고 있었다. 나는 그 웃음에 이끌려 그에게 손을 흔들었다. 물론 그로서는 기대하지 않았겠지만, 그 어린애 같은 웃음이 그의 얼굴은 물론이고 내 얼굴까지 환하게 빛나게 했다. 마치 어린 시절 수업 시간에 퀴즈의 답을 몰라 망했구나, 하고 있을 때 책상 밑으로 답을 전해주던 친구처럼, 그는 나를 알고 있다는 듯 바라보는 것이었다. 참으로 놀라운 미소였다. 그는 심지어 창밖으로 손을 흔들어 내게 감사의 인사까지 보냈다. 조금 더 아래로 내려가면서 그는 창밖으로 머리를 내밀고 마치 그 어린 시절의 퀴즈 결과가 나오고 우리 둘 다 퀴즈를 패스하기라도 했다는 듯 감사의 뜻으로 몇 번이나 고개를 끄덕여주었다. 눈물이 다시 솟구쳤다. 그것은 두 번의 미소가 깨우쳐 준, 바로 그 두 미소가 하나가 되었다는 뜻이다. 너무 커서 형용하기 어려운 것은 바로 미소가 깨우쳐 주는 일이었다. 진실은 정말 설명할 필요가 없는 것이다.

나는 인생의 작은 기쁨을 맛보네.
진정 그리하네. 마치 해변의 조개껍질을 찾는 것처럼.

몸을 구부려 조개껍질을 하나씩 하나씩 집어 든다. 그것들을 간직하고 있는 어느 깊은 곳에 내 비밀의 상자가 있다. 해가 거듭되면서 나는 그것들을 꽤 많이 모았다. 그러면서 나는 매일 조금씩 더 부유해지고 행복해졌다. 나는 그것이 '돈으로 환산하면 도대체 얼마만 한 가치가 있는 것일까?' 하는 것은 전혀 개의치 않는다.

나를 풍요하게 만든다는 것, 바로 그것이 진정한 가치다.

당신의 토지, 당신에게 주어진 땅

　모든 사람에게는 각자에게 주어지는 몫, 토지가 있다. 당신은 그 땅을 돌보고, 경작하고, 물을 주고, 비옥하게 하고, 토양을 바꾸고, 새롭게 하고, 또 쉬게 하고 그 땅을 사랑하라는 이야기를 들어 왔다. 어떤 이들은 들은 대로 했지만, 자신들이 모든 것을 알고 있다고 생각했기 때문에 더 이상 자신에게 주어진 몫을 풍요롭게 가꾸기 위해 뭔가 더 배우는 시간을 가지지 않고 들은 대로 행하는 것에서 멈춘다. 또 어떤 이들은 자기 생각이 최선이라고 생각하기 때문에 들은 대로도 하지 않는다. 그런 이들은 참을성이 없고 자신이 어떻게 하라고 들었던 것과 반대로 한다. 그러나 그것은 결국 미운 얼굴을 괴롭히기 위해 코를 자르는 것 같은 어이없는 짓이며, 자신에게 주어진 몫의 땅을 메마르게 하고 황폐하게 한다.

　어떤 이들은 더 배우겠노라고 결정한다. 그래서 그들은 찾고, 묻고, 책을 읽고, 귀를 기울인다. 그래서 가장 중요한 것을 배우게 되는데, 그것은 바로 '나는 아무것도 모른다'라는 사실이다. 그래서 그들은 살아있는 동안은 계속해서 배우기로 결정한다. 그렇게 배우면서 그들의 삶이 바뀌고, 다른 사람의 삶을 바꾸게 된다. 그렇게 그들에게 주어진 몫의 토지는 이 땅의 삶 속에서 구현되는 천국이 된다.

어떤 이들은 그들에게 주어진 몫의 땅이 바닷가의 땅이 아니기 때문에, 마른 땅이기 때문에, 혹은 자신의 몫을 크게 만든 사람들은 무언가 도움 되는 사람들을 알고 있었기 때문에 그럴 수 있었다며 자신의 불운을 비난한다. 그들 가운데 어떤 이들은 부자들이 어떻게 노력했는가 하는 사례를 관찰하고 따라 해 보는 대신에 부자들에게서 빼앗아 가난한 사람들에게 주는 다른 시스템을 생각해내려고 노력한다. 그런 이들은 이웃의 부를 부러워하는 사람들이다. 그들이 오로지 바라는 것은 이웃이 가꾼 풍요한 땅이 메말라버리는 것이다.

어떤 사람은 겨울 추위를 못 견뎌 하고, 어떤 사람은 여름 무더위를 못 견뎌 한다. 또 어떤 사람은 추위와 더위 모두를 못 견뎌 한다. 어떤 사람들은 자기가 무엇을 원하는지 모른다. 어떤 것도 원하지 않기를 원하는 사람도 있다. 그들은 자신이 1월을 좋아하지 않는다면, 달력에서 1월이 표시된 페이지를 찢어내 버리면 된다고 믿는다. 그리고 다른 사람들에게도 그런 방식으로 하기를 요구한다. 당신은 그렇게 하지 않는 사람들을 주의 깊게 봐야 할 것이다.

그러나 1월은 다른 모든 달, 모든 계절과 마찬가지로 주어져 있다. 씨를 뿌릴 때가 있고 추수할 때가 있듯이 물을 줄 때가 있고 나무를 옮겨 심을 시기가 있다. 그런 자연의 법칙을 존중하고 자신의 토지를 잘 경작해야 한다. 그러지 않고 만약 당신이 남의 땅에만 코를 박고 무슨 일이 일어나고 있는지, 무슨 냄새가 나는 것인지에만 몰두한다면 당신에게 주어진 당신의 토지, 당신의 땅은 말라버리고 만다.

단 한 가지 당신이 해야 할 일은 당신에게 주어진 몫을 잘 갈무리해서 당신의 몫이 더 커지고 더 낫게 만드는 것이다. 그것이 우주가 작동하는 방식이다. 어떤 것이든 자라지 않고 시들면 궁극에는 죽고 만다. 좋은 농부는 기다릴 줄 아는 사람이고 신념을 가진 사람이다. 무엇보다 씨를 뿌리는 법을 아는 사람이다. 이것은 그가 열심히 일하고 실수하면서 배운 소중한 것들이다.

당신의 실수는 바로 당신의 경험이며 당신은 그것들로부터 배울 줄 알아야 한다. 실수를 두려워해서는 안 된다. 누구든 실패를 피하려 하는 사람은 성공할 수 없다. 처음에는 당신에게 주어진 땅에 물을 지나치게 많이 주거나, 어울리지 않은 계절에 파종하거나, 가지치기할 것을 잊거나, 땅을 지나치게 남용할 수도 있다. 그런 것을 당신을 좋아하지는 않을 것이다. 당신은 그런 실수로 인한 자책감에 신음하다 그냥 그 땅에 울타리도 치지 않은 채 내버려 둘 수도 있다. 그러나 그런 식으로 당신의 나날이 무의미하게 굴러가도록 버려두지 않아야 한다. 당신의 나날을 그렇게 흘러가도록 버려두지 말라.

하루하루가 선물이다.
그 선물을 열어보라. 그날들을 던져 버리지 말라.

평탄한 삶을 경계해야 한다.

죽음은 확실하지만 아주 느리게 온다. 그리고 당신이 당면한 문제를 사랑하라.

그것은 당신을 한 걸음 더 나아가게 할 테니까.

고난을 환영하라.

바람이 거셀수록 나무는 더 견고하게 선다.

휘둘리지 않기

인생은, 당신이 당신의 삶을 살거나, 당신의 삶이 당신을 살거나 둘 중의 하나다. 그 사이의 중간이란 없다. 그물 속으로 들어간 공은 다시는 돌아오지 않는다. 당신이 속한 분야에서 한쪽이 낮이라면 다른 한쪽은 밤이다. 한쪽에는 비탄과 신음, 분노, 어쩔 수 없음, 그리고 의기소침이 있고 다른 쪽에는 기쁨과 나눔, 자존, 행복과 힘이 있다. 물론 당신이 살아있는 한 문제는 양쪽 모두에 있다. 당신의 문제가 다 해결된다는 것은 당신의 모든 것이 끝났다는 것이다.

어떤 사람들은 그런 문제들을, 마치 2등급의 체육관에서 운동을 한 후 비틀대며 나오는 것처럼 고약한 땀 냄새 나는 50파운드짜리, 73kg 무게만큼 무겁게 여긴다. 그러나 어떤 사람들은 그 2등급의 체육관에서 운동을 마친 후에도 윙크라도 하듯 웃는 얼굴, 고운 얼굴로 나온다. 당신이 당신의 미래를 결정하는 것은 아니다. 당신은 당신의 습관을 결정하고, 순서를 바꾸어 이제 당신이 결정한 당신의 습관이 당신의 미래를 결정한다.

만약 당신이 성공한 사람들이 가진 것을 성취하기를 원한다면 당신은 그들이 하는 바를 해야 한다. 로빈 샤르마라는 캐나다 남자가 있다. 그는 내게 누구보다 큰 영향을 미친 사람이다. 그는 내게 아침 일찍 일어나는 것이 얼마나 중요한가를 가르쳐주었다. 그가 말하기를, 모든 사람이 곤히 자고 있는 새벽 5시에 일어나야 한다고, 그때가 나의 에너지 레벨이 가장 절정에 달해있을 때라고 한다.

무언가에 휘둘리지 않고 당신의 하루를 시작하라. 당신의 꿈, 당신의 목표, 그리고 당신이 하는 아침 운동과 함께, 당신의 인생과 함께 일어나라. 당신이 이 세상에서 가장 소중한 존재이듯 하루하루를 계획하라. 이 세상에서 가장 소중한 존재, 바로 당신을 위해서.

그 모든 것 중에서 가장 중요한 것은, 당신이 당신 자신에게 보내는 메시지다. 당신이 침대와의 전투에서 승리할 때, 당신은 당신의 인생을 결정한다고 선포하는 것이다. 당신이 보내는 그 메시지의 소리는 아주 커서 당신의 또 다른 한쪽, 소파에 퍼질러 앉아 감자칩만 먹고 싶어 하는 당신일 수도 있고, 게으름 피우고 싶은 당신일 수도 있다. 수시로 졸며 쪽잠 자고 싶어 하는 당신일 수도 있다. 너는 더 잘 자격이 있는 사람이라며, "왜 코가 얼어붙는 날 나가려고 하는 거지?"라며 침대와의 전투에서 패배해도 괜찮다고 고개를 끄덕여준다. 이 슬럼프에서 빠져나올 때까지 당신이 품은 꿈의 자동차에 시동을 걸지 말고 좀 더 주차해두라는 소리도 듣고, 게으른 고양이처럼 벽난로 옆에 웅크리고 앉아 갸릉갸릉 하는 소리도 듣게 될 것이다.

그것들은 당신의 인생을 천천히 끝장내게 한다. 과감히 잘라내어야 한다. 일어나서 당신은 어느 쪽의 팀원이 되어 인생 경기를 할 것인지 선택하라.

이른 아침의 모닝콜은 게임이 시작될 때 울리는 호른 소리이다.

호른을 크게 불어라. 온 세상이 당신을 들을 수 있도록.

껌 씹으실래요?

나는 내 변호사 사무실에 1년에 2번 간다. 내 변호사는 파산 전문 변호사다. 그래서인지 가끔 변덕스러운 사람들이 그의 사무실을 떠돌아다니듯 방문한다.

그날 나는 약속 시각 정각에 사무실에 도착했다. 변호사 매키스는 언제나처럼 일에 파묻혀 있어서 사람들은 치과에 가서 앉아서 기다리듯 대기실에서 그를 기다려야 한다. 어떤 남자가 들어오더니 내 맞은편에 앉았다. 나는 그에게 관심이 없었다. 그냥 곁눈으로 한 번 흘깃 봤을 뿐이다. 염소수염에 웃음을 띤, 친절해 보이는 얼굴이었다.

비서가 우리에게 물이라도 한잔 할는지 물었다. 나는 아니라고 했는데, 그 사내가 좋다고 하는 바람에 맘이 바뀌었다. 나는 그를 향해 예의 바르게 웃었고, 그도 나를 향해 웃어주었다. 누군가 먼저 말을 걸지 않으면 침묵과 어색함은 깨지지 않는 법이다. 잠시 후에 사내는 가방에 손을 넣고 다시 나를 보더니 "껌 씹으실래요?" 하고 물었다. "아니요, 괜찮습니다." 하고 나는 대답했다. 그러고 나서 우리를 대기실에서 기다리게 한 그 '치과 의사'가 마침내 나를 불렀으므로, 사무실로 들어가면서 나는 사내를 잊었다.

회의는 순조로웠다.

얼마 뒤 그 '껌 사건'이 머릿속에 다시 떠올랐다. 그날을 특별히 기억하게 한, 마치 구름 속을 관통하는 한 줄기 햇빛 같았던 '껌 사건' 말이다.

당신이 사소하다고 생각할 수 있지만.

나눔은 결코 사소한 것이 아닙니다.
그것은 언제나 마법 같은 것이죠.

사랑은 행동하는 것이다. 사랑은 또한 치유인데, 대부분 나눔을 실천하는 사람들을 위한 치유다.

무엇을 나누는가는 크게 중요하지 않다. 그것이 자동차든, 한 권의 책이든, 나누는 기쁨은 같다.

당신이 나눔을 실천하든지 안 하든지 두 가지 중에 하나를 한다. 검든지 희든지처럼. 당신은 공놀이를 하든지 안 하든지 할 수 있는 것이다. 그러나 나눔은 언제든지 좋은 것을 배울 수 있다는 것이다. 그리고 일단 당신이 그 좋은 것을 배우고 나면 나누지 않고는 살 수 없다. 당신은 나눔에 중독된다.

당신이 "고맙습니다."라고 말하지 않고, 보행자를 위해 차를 멈추지 않고, 낯선 이들에게 미소를 보내지 않는다면 당신의 하루가, 당신의 한 주가, 그리고 궁극에는 당신의 인생이 어떻게 될지를 결코 배우지 못할 것이다.

타인들이 어떻게 하는가는 그들의 비즈니스일 뿐이다. 당신은 당신 할 일에만 충실하면 된다. 그러면 당신은 마법 같은 무엇을 얻게 되고 당신의 삶은 바뀐다. 그리고 어느 한순간 당신이 열망해왔던 것을 얻게 된다.

세례자 요한은 이렇게 말했다.

"누구든 외투 두 벌이 있는 사람은 외투가 없는 사람에게 나누어 주라."

이 부분은 좀 중요한 대목이다. 외투를 나누어주려면 당신이 외투 두 벌은 있어야 하기 때문이다. 외투가 두 벌은 있는 사람이 돼라. 다른 사람의 배터리를 충전시켜주려면 당신 자동차 배터리는 충분히 충전되어 있어야 하지 않겠는가. 그렇지 않고서 다른 사람의 자동차 배터리를 충전시켜주겠다고 나섰다가는 당신이나 다른 사람의 배터리, 둘 다 죽어버린다.

북아일랜드 출신 조이 던롭이란 사람이 있었다. 그는 가장 까다롭고 유명한 유럽 TTTourist Trophy 오토바이 경주에서 타이틀을 5회 연속으로 수상했던 사람이다. 모든 사람이 이 국민적 영웅을 존경했는데, 그가 딴 금메달 때문이 아니라 그가 가진 황금같이 소중하고 빛나는 마음 때문이었다. 그는 그가 가진 모든 것을 가난한 어린이들에게 주었다. 그는 음식을 사서 아무도 모르게 트레일러에다 싣고는 고아들에게 먹을 것을 주기 위해 루마니아로 갔다. 그는 48세 때 사고로 죽었다. 5만 명의 사람들이 그의 위대한 삶에 경의를 표하기 위해 장례식에 모였다. 나라면, 단 1초도 망설이지 않고 그가 살았던 단 1시간의 삶과 의미 없는 100년의 삶을 바꿀 것이다. 친구들이여, 당신이 가진 껌을 쳐다만 볼 게 아니라 나누시라. 그것이 당신이 이 세상에 온 이유다.

당신이 목표하는 바가 인생이다

오로지 어떤 장소를 통과하거나 어떤 시기를 지나쳐 간다고 해서 그것을 그 사람이 가진 특이한 강점이라고 할 순 없다. 나는 곧잘 길을 잃는 편이다. 그러나 이즈음 내 핸드폰에는 GPS 앱이 깔려 있었다. 어딘가로 출발하기에 앞서, 우리는 가고자 하는 곳이 어디인지를 먼저 알아야 한다. 나는 물론 내 목적지를 알고 있다. 만약 내가 그 목적지로 가는 길을 모른다면, 나는 GPS를 켠다. 가끔은, 길을 알아도 켠다. GPS는 가끔 더 나은 길로 안내해주기 때문이다. 그러면 나는 또 무언가를 배우게 된다.

대부분의 사람은 목적지를 결정하지 않는다. 목적이 없기 때문이다. 어떤 사람들은 자신이 목적지를 결정했다고 생각하겠지만, 사실은 그렇지 못한 경우가 많다. 어떤 강연회에서 연사가 청중들에게 당신들 삶의 목표가 뭐냐고 물었다. 한 사람이 손을 들고 말하기를 돈을 많이 버는 것이라고 했다. 그러자 연사는 그에게 1달러를 주면서 "이제 행복하신가요?" 하고, 웃으면서 물었다.

삶의 목적은 구체적이어야 하고 분명한 수량이 정해져야 한다. 예를 들어서 나는 내년까지 155파운드까지 감량할 것이라는 식으로 말이다. 우리는 매주 가족 소풍을 하러 갈 것이다. 나는 5년 이내에 연봉 10만 달러를 벌 것이다. 매년 4월에 건강검진을 할 것이다, 하는 식으로 말이다.

몇십 년 전의 일이다. 하버드 대학교 학생 중 몇 명이 그들 삶의 목표를 세웠는지 알아보기 위한 연구에 참여한 적이 있다. 참석 학생들의 3%만 삶의 목표를 세웠고, 나머지 97%는 목표를 세우지 않은 것으로 밝혀졌다. 이 연구가 있은 지 30년 후 연구자들은 당시 연구에 협조한 학생들이 어떻게 살았는지 알아보기 위해 그들을 찾아냈다. 삶의 목표를 세웠던 3% 학생들의 경제적 성취는 목표를 세우지 않았던 모든 학생의 성취를 합한 것과 동등한 것으로 나타났다.

그러므로 당신이 당신의 미래에 대해 보다 구체적이면 구체적일수록 실현 가능성은 더 커진다. 당신 삶의 목표는 당신의 미래를 현재로 가져오며, 보이지 않는 것을 보이게 한다.

만약 당신의 삶을 우연에 맡겨버린다면, 당신의 삶은 목적 없이 굴러갈 것이다. 구체적으로 명시되어 있지 않은 좌표를 따라갈 수는 없는 일이기 때문이다. 인생의 마지막에 다다르면 당신은 돌아서서 삶이 내게 불공평했노라 말할 수도 없게 된다. 오히려 당신이 당신 자신과 당신의 삶에 불공평했던 사람이다.

짧은 여행을 한다 해도 당신은 여러 가지를 세심히 챙긴다. 어느 항공사를 이용할 것인지, 어느 호텔에 숙박할 것인지, 무엇을 구경할 것인지. 그러나 당신은 여행보다는 훨씬 유장한 당신의 가련한 인생을 조립되지 않은 침대처럼 취급한다. 그러면서 매번 조립되지 않은 그놈의 침대를 볼 때마다 기분 나빠하면서도 당신은 아직 그 침대를 조립하지 않고 있다. 그 빌어먹을 침대는 결코 저절로 만들어지지 않는다.

모든 승자는 삶의 목적이 있었다. 그리고 그 목적은 컸다. 그들은 세상을 바꾸기를 원했고, 세상을 바꾸는 데 필요한 것이 무엇인지 정확히 알았으며, 어떻게 해야 하는지도 알았다.

그들은 처음부터 좌표를 설정했고, 그런 다음 일을 시작했다. 그들의 꿈은 그들의 심장과 마음에 활기찼고 다른 이들에게 드러나기 전에 이루어졌다.

에디슨을 보라. 그리고 에멀린 팽크허스트Emmeline Pankhurst, 1858-1928, 영국의 사회운동가로 일생을 여성 참정권 활동을 했다. 그녀의 노력으로 영국은 1928년 모든 여성에게 남성과 동등한 투표권을 주어지는 법이 만들어졌다., 간디, 마틴 루터 킹, 로사 파크Rosa Parks, 1913-2005, 미국의 민권운동가로 아프리카계 미국인의 인권과 권익을 개선하는 인권 운동의 선구자였다. 그녀의 인권 운동에 마틴 루터 킹 목사도 참여했다., 케네디, 만델라, 스티브 잡스까지.

그들의 꿈은 그들의 나침반이었고, 그들의 삶이었다. 그들은 꿈을 목숨보다 소중히 여겼던 사람들이었다.

헬렌 켈러는 볼 수 없다는 것이 그녀에게는 어떤 것이었냐는 질문을 받았는데, 이렇게 대답했다.

볼 수 없는 것보다 더 나쁜 오직 한 가지는,
볼 수는 있는데 비전이 없다는 것입니다.

강아지 크루엘라 드 빌

일요일 저녁, 나는 한 주가 끝나기 전 바쁜 와중에도 마지막으로 가볍게 달리기를 한다. 오후 8시, 달리기를 마치고 집으로 차를 몰아간다. 번잡한 시내 카페에서 냉수 한 병을 사기 위해 잠시 차를 세운다. 이중 주차를 한다. 계산대 점원은 차에서 10야드도 채 안 떨어진, 잘 보이는 곳에 서 있다. 물론 이중 주차는 엄밀히 말해 합법적이진 않지만, 그렇다고 평생 감옥에 갇혀야 할 일도 아니다.

차에서 내리려는 참인데 누군가가 나를 뚫어지게 쳐다보고 있는 것 같아 돌아서서 그 사람을 본다. 내 차 옆에 주차된 그 차의 창문이 열려있다. 핸들에 손을 얹은 그 차의 운전자가 나를 잡아먹을 듯 노려보고 있다. 그 여자의 시선에서 독이 뚝뚝 떨어지는 것 같다. 여자는 뭐라고 말하지만 나는 무슨 말인지 알아듣지 못한다. 여자의 분노가 얼마만 한 것인지 느낄 수 있지만 나는 응대하지 않는다. 여자는 내게 화가 난 것이 아니라 아마 스스로에게 화가 났을 것이다.

시동을 걸고 그녀가 나갈 수 있도록 차를 뒤로 빼는데 생각지도 못한 일이 일어난다. 차가 후진이 되지 않는다. 다시 해 보지만 안 된다. 아마 그 크루엘라*Cruel+Ella, 그 악녀는 나뿐 아니라 후진이 되지 않는 차에도 악담을 퍼부었을 것이다. 이런 일은 처음이라서 나는 깜짝 놀랐다.

여자는 화가 머리끝까지 나서 격노해서 이제 거의 입에 거품을 물고 있다. 여자가 빠져나가기 위해 갑자기 차를 움직인다. 나는 내 차가 숨 고르기를 할 수 있도록 시동을 껐다가 다시 걸었다. 엔진이 으르렁거리더니 다시 시동이 걸리고 마침내 나는 길로 나올 수 있었다.

그 여자는 정말 크루엘라 드 빌 스타일로 속도를 낸다. 여자보다 내가 더 나이가 들긴 했지만 나도 싸우려면 싸울 수 있었을 것이다. 싸우는 게 내게는 새로운 것은 아니니까. 그러나 나는 내 에너지가 얼마나 소중한 것인지를 알고 생명을 다해 내가 가진 에너지를 지키고 있으며 내 분노를 길들이는 법을 안다. 그 여자

---

* 크루엘라 드 빌(Cruella De Vil)은 영국 작가 도디 스미스의 1956년 소설 『101마리 달마시안』의 가상 캐릭터이다.

와의 대결은 개인적인 것이 아닌 것도 안다. 그 여자에게는 내가 하는 어떤 말이나 행동이든 전혀 도움이 되지 않았을 것이라는 것도 안다.

나는 내가 통제할 수 있는 것과 없는 것을 안다.
나는 내가 통제할 수 있는 것에 내 모든 것을 쏟는다.
내가 통제할 수 없는 것은 우회로로 돌아간다.

아버지는 "한쪽 귀로 듣고 다른 쪽 귀로 흘려버려라."라는 말씀을 하시곤 했다. 말은 쉽지만 실제는 그렇지 않다. 한쪽 귀로 들은 것을 다른 쪽 귀로 흘려버리는 것은 연습이 필요한 일이다. 나는 악한 사람들을 피하는 법을 배웠다.

이 일이 있고 난 후 내 차는 다시는 움직이지 않았다. 아마 내 차도 악한 사람을 피하는 약간의 연습이 필요한 모양이다.

뿌리들

매년 여름 우리는 에게해 북동부에 있는 키오스섬에 간다. 우리 가족은 그 섬 출신이다. 내가 기억하는 한 부모님은 우리가 뿌리를 되돌아볼 수 있게 하시려고 자주 키오스섬에 갔다.

나는 그곳을 매우 사랑했다. 이제 나는 내 아이들을 데리고 거기로 간다. 그곳으로 가는 짧은 여행은 멋진 일정이다. 배가 피레우스 항구를 떠나기 한두 시간 전쯤이면 기나긴 자동차 행렬이 생긴다. 그 자동차들도 역시 가족들을 섬으로 데려가는 것이다. 다시 만난 친구들, 친구를 따라오거나 친구가 데려온 새로 온 사람들을 환영하느라 주위에서는 웃음과 농담이 끊이지 않는다.

그다음 우리가 멈추는 곳은 선실이다. 딸들은 맨 꼭대기 침대를 차지하고서는 어떻게 침대 속으로 들어가 잠들 것인가에 대해 열광적으로 계획을 세운다. 배 안에서 며칠이나 머무를 것처럼 이

불 아래 요새를 만든다. 사실 배를 타는 시간은 겨우 6시간이 될까 말까 한데 말이다. 그리고는 갑판으로 나가 뱃머리에 서서 항구를 향해 작별 인사를 한다. 우리는 페리호가 어떻게 항구를 떠나는지 페리호가 떠나는 모든 단계의 모습과 피레우스 항구가 사라지는 모습을 지켜본다. 페리호 안의 식당에서 우리는 창가 테이블을 찾는다. 빳빳하게 풀 먹인 흰 셔츠의 여객선 직원들은 우리에게서 주문을 받아 간다. 나는 언제나 붉은 소스가 얹힌 밥을 시킨다. 그것은 아버지가 늘 드시던 것이었고, 아버지는 선장이었기 때문에 그게 맛있다는 것을 잘 아셨을 것이다.

그런 다음 우리는 선실로 돌아오고, 나는 달빛 아래서 딸들에게 이야기를 들려준다. 딸들은 자기들이 좋아하는 이야기를 해 달라고 조른다. 사실 누가 더 이야기하는 것을 좋아하는 것인지 솔직히 모르겠다. 나인지 딸들인지. 딸들은 언제나 이야기를 들으며 잠이 든다. 나는 막내가 떨어지기라도 할까 봐, 엄마가 내게 하시던 것처럼 꼭대기 침대 안쪽에다 눕힌다.

새벽 4시 반에 알람이 울지만, 그 시각은 여전히 모두가 기절한 듯 잠들어 있는 밤이다. 여객선 승무원은 선실의 문을 두드려 우리를 깨우고 도착을 알린다. 그리고 우리가 다시 잠들지 않도록 불을 켠다. 나는 아버지가 하시던 것처럼 딸들을 깨우기 위해 제일 먼저 일어나서 딸들을 안아준다. 아직 컴컴한 길을 달려 호텔로 향하면서 우리는 세 개의 옛 풍차가 있는 방앗간을 지나간다.

막내는 옆에서 잠들어 있는 언니에게 풍차에 관해 이야기한다. 그 이야기를 들으며 나는 겨우 웃음을 참는다. 방앗간 아래쪽에는 죽은 선원들의 동상이 있다. 그곳은 내가 가장 좋아했던 이모가 산책하러 나가곤 했던 곳이다. 지금 이모는 천국의 어딘가에서 익살맞은 우리에게 미소를 보내며 산책하고 있겠지.

우리는 호텔에 도착한다. 막내는 한 손으로는 여행 가방을 밀고 다른 한 손으로는 제 스쿠터를 굴리고 있다. 막내는 스쿠터를 차 안에 두기 싫어한다. 어둠 속에서 형광빛의 바퀴가 8이라는 숫자를 만드는 스쿠터가 보이면 그건 내 딸이다. 스쿠터를 차 안에 두지 않고 자기만의 장소에 두는 것이 얼마나 중요한 것인지는 딸만이 이해한다. 딸의 세계가 얼마나 풍요한가는 오직 딸만이 아는 것이다.

우리는 오전 5시 반쯤 객실에 도착했다. 내가 딸들의 나이 때 그랬던 것처럼 딸들 역시 잠들 기미가 전혀 없다. 막내가 냉장고를 연다. "달콤한 과자가 어디 있지?" 하다가 막내는 시무룩해진다. "내일 시내에 가서 좀 사도록 하자."고 나는 딸을 안심시킨다. 그리고는 딸들이 좀 더 잘 수 있도록 몇 가지 이야기를 하며 배와 등을 두드려준다. 얼마 지나지 않아 우리 셋은 이리저리 서로 다리를 걸치고 큰대자로 뻗어 잠이 든다.

뿌리를 안다는 건 마법 같은 일.
마법 같은 삶.
엄마 아빠 감사합니다.

나의 부모는 거기, 고향에서 삶의 핵심 요소, 그 정곡을 발견했다. 나는 뿌리를 찾아가는 일을 내 아이들에게도 물려줄 것이다. 그 아이들도 내 손자들에게 내가 했던 것처럼 해주기를 희망하면서. 두 분께 감사드린다.

정말 모든 일은 다 오케이일까?

나는 일찍 일어났다. 침대는 따뜻했고 이불은 깨끗했다. 다리를 쭉 위로 뻗는다. 내 다리는 내 의지대로 움직인다. 두 발로 걸어 화장실로 간다. 수도꼭지를 틀자 기분 좋게 깨끗한 물이 쏟아진다. 고개를 들고 거울 속 나를 쳐다본다. 거울은 제 할 일을 완벽하게 해낸다. 내가 잘 보인다.

내가 움직이자 거울 속의 나도 움직인다. 샤워장으로 들어가 유리문을 닫는다. 비누 냄새가 코안 가득 들어찬다. 한참 동안 피부 위로 기분 좋게 쏟아지는 뜨거운 물의 감촉을 즐긴다. 이 기분을 어떤 말로도 표현하기 어렵다.

샤워를 마치고 나오자 따뜻하고 보송보송한 수건이 난방기 위에 놓여 있다. 수건으로 몸을 감싼다. 맨발로 카펫 위를 걸어 창가로 가서 멈춰 선다. 밖에는 비가 내리고 있지만, 안으로 스며들지는 않는다. 나는 창을 굴러내리는 빗방울들이 천천히 제멋대로 모여드는 모습을 본다.

그 모습을 잠깐 즐긴 뒤 나는 입을 옷을 집어 든다. 옷장 안엔 옷들이 더 있었지만, 그 옷들은 손대지 않는다. 기분이 참 좋다. 냉장고를 여니 먹을 것이 여러 가지 있다. 나는 아침 식사를 준비하고, 즙이 풍성한 오렌지 3개를 짰다. 놀랄 만큼 좋은 주스기다. 내가 해야 했던 것이라곤 주스기 헤드의 오렌지색 컵을 누르는 것뿐이었다. 나는 주스의 마지막 한 방울까지 다 마셨다.

나는 몇 가지 해야 할 일을 준비하고 현관문을 잠근다. 이 문은 신기하게도 오직 내 열쇠로 열 때만 열린다. 어떤 다른 열쇠로도 이 문을 열 수 없다. 나는 곧장 한 치의 오차도 없이 곧바로 자동차로 간다. 그렇다, 내게는 오직 단 하나의 독특한 열쇠로만 열 수 있는 내 차가 있다. 열쇠를 점화장치에 밀어 넣어 켜고 시동을 건다. 카 스테레오가 있지만 틀지 않는다.

점심시간에 나는 식당으로 가서 맛있는 샐러드를 주문했다. 샐러드가 나오기를 기다리면서 나는 지나가는 사람들을 본다.

볼 수 있는 내 눈.

눈이라고 해서 다 볼 수 있는 눈이 아니라는 것, 당신도 안다.

어떤 사람들은 행복하고 어떤 사람들은 그렇지 않은 얼굴을 하고 있었다. 어떤 사람은 바쁘게 서두르고 있었고 어떤 사람들은 그렇지 않았다. 어디서는 나는 사람들의 모습과 그들의 성향을 보았다.

샐러드는 늦지 않게 나왔다. 그것은 싱싱한 양상추, 따뜻한 치킨, 바삭바삭한 빵 조각들과 막 갈아낸 치즈를 얹은 깨끗한 접시에 담겨져 나왔다. 가격은 5유로, 물론 내게 5유로가 있었다. 지갑에서 5유로를 꺼내 샐러드값을 지불했다.

내게는 핸드폰도 있다. 나는 핸드폰으로 메시지를 보냈고, 인터넷에 연결했으며 세상이 어떻게 돌아가고 새롭게 업데이트되는지를 알게 되었다. 페이스북이 친구의 생일을 알려주었으므로 한동안 연락을 못 했던 친구와 통화했다. 우리 둘 다 목소리 듣는 것을 반가워했다.

나는 아름답고 햇빛이 많은 나라에 산다. 평화롭다. 내일도 내 집은 그 자리에 있다는 것을 안다. 오발 폭탄 같은 게 터져 내 집을 무너뜨리지 않을 것도 안다. 우리에겐 또 민주주의가 있다. 내가 원하는 말을 내가 원하는 곳에서 내가 원하는 시각에 할 수 있다. 밤 10시 이후에도 외출할 수 있다. 조깅을 할 수 있고, 티브이를 볼 수 있고, 산책을 할 수 있고, 책을 읽을 수 있고, 혹은 시간을 낭비할 수도 있다. 친구를 볼 수도, 혼자 시간 보내기를 선택할 수도 있다. 웃을 수도 있고 내가 원하는 것은 무엇이든 할 수 있다. 나는 선택하는 존재이다.

저녁이면 집으로 돌아와 현관문을 열었다. 다시 한번 열쇠는 어렵지 않게 제 몫의 일을 해냈다. 여전히 내 눈은 볼 수 있었고, 내 다리는 나를 지탱해주었고, 내 손은 물건들을 움켜쥐었다. 따뜻한 침대는 내가 일어났던 곳에 그대로 있었다. 그러나 사실은 그날의 모든 문제를 해결하지는 못했는데도 말이다. 중동의 위기는 그날 갑자기 끝나지 않았고, 오존층에 나 있는 구멍 또한 그날 갑자기 메꿔지지 않았다. 그러나 여전히 그날은 아름다운 날이었다. 내일도 내 발은 내 의지대로 움직일 것이다. 정말, 모든 일은 실제로 오케이일까?

유머

인생은 하나의 게임이다.

그 게임을 하지 않는다면 당신은 게임에 지는 것이다. 내가 좋아하는 멘토 중의 한 사람이 한 말이다. 그 멘토는 우리가 납득할 때까지 그 말을 계속했다.

어느 날, 은행에서 줄을 서서 기다리며 나는 뒤에서 들리는 흥미로운 대화를 우연히 듣게 된다. 40대 숙녀가 나이 든 노인과 주고받는 대화였는데, 그녀는 자기 아빠가 얼마나 젊어 보이는지에 관해 이야기하고 있었다.

"아빠하고 제가 함께 있으면 사람들은 우리가 부부인 줄 안다니까요." 하면서 "아, 저기 계시네. 아빠 이리 와 보세요."

나도 슬쩍 노인을 본다. 굉장히 유쾌해 보이는 노인이 경쾌하게 다가온다. 입이 찢어지도록 싱긋 웃음을 물고 유행하는 버뮤다 티셔츠 차림에 야구 모자를 쓴, 영원히 틴에이저 같을 노인이다.

노인에게서는 에너지가 뿜어져 나오는 것 같다. 보기만 해도 기분 좋아지는 그런 노인이다. 노인은 바로 대화에 끼어든다.

"내가 몇 살로 보여요?"

그는 딸과 이야기하고 있는 노인에게 묻는다.

"60?"

그 노인은 약간 자신 없게 대답한다.

"75!"라고 그 '영원한 틴에이저'는 자랑스럽게 무언가 선포하듯 말해놓고 클클 웃는다.

나는 놀라서 돌아선다. 세상에나! 나는 내 뒤에 서 있는 사람이 먼저 일을 보도록 비켜주고는 슬그머니 대화에 끼어든다. 그 노인은 그냥 커다란 웃음 덩어리다.

"우리 어디서 본 적 있나요?" 하고 그가 묻는다.

"아마 같은 이발소에 가는 건가?" 해 놓고 모자를 벗으며 그는 다시 클클 웃는다. 그도 나도 머리카락이 없다.

"우리 혹시 같은 댄스 클래스에서 봤나요? 겨울에 수영해요?"

그는 그 모두를 한다. 그러나 그 무엇보다 그는 웃을 거리를 기억하고 농담을 한다.

사소한 일이라 해도 기쁨으로 하는 것이 가장 중요하다. 웃음은 기쁨의 자식이자 부모다. 마치 닭이 먼저냐 달걀이 먼저냐 하는 이야기처럼 웃음이 먼저냐 기쁨이 먼저냐 하는 것도 그와 같다. 행복할 때 당신은 웃지 않는가. 그리고 행복을 얻기 위해서도 당신은 역시 웃지 않는가 말이다. 그 모든 것의 기본이 바로 유머 감각이다. 그것은 배의 갑판을 스위치로 움직이는 것과 같다. 유머는 인생이다. 뭔가 새로운 것, 특별한 것이 생겨나 주기를 희망하는 것이다.

유머는 인생의 동창회 같은 것이다. 유머가 있는 사람들은 더 행복하고, 더 젊게 살며, 잘 아프지 않다. 그들은 보통 사람들보다 더 밝은 사람이라서 어디서든 빛이 난다. 어디를 가든 장난꾸러기같이 유쾌한 먼지를 일으키기 때문에 주목을 받는다. 그들은, 이 세상을 그들이 발견한 세상보다 더 나은 세상으로 만들어 물려주는 사람들이다.

좋은 유머 감각은 격조 있고,
천박하지 않은 기교이며 스타일이다.
모든 위대한 사람들은 유머가 있었다.

윈스턴 처칠과 영국 의회의 숙녀였던 애스토 여사는 재치있게 즉흥적인 대답을 잘하는 사람들로 유명하다. 어느 날 에스토 여사가 처칠에게 말하기를 "만약 당신이 제 남편이라면 말예요, 마실 차에다 독을 탈 거예요." 했더니 처칠은 이렇게 응수했다.

"네 여사님, 내가 만약 당신 남편이라면 기꺼이 그 차를 마실 겁니다."

모든 이들로부터 사랑받을 수는 없다

현실에 직면하라. 그것이 진리다.

나는 모든 사람들로부터 사랑받을 수는 없다는 것을 알기까지 오랜 세월이 걸렸다.

1998년 12월 1일 나는 새 사업을 시작하는 무대에 있었다. 새 비즈니스를 시작할 수 있어서 얼마나 기뻤는지 모른다. 그런데 새 비즈니스를 설명하는 프레젠테이션의 가장 중요한 대목에서 아주 이상한 느낌이 나를 덮쳐왔고, 곧이어 나는 단 한마디도 말할 수 없었다.

그것은 갑작스러운 정전 같은 것이었는데, 아무 소리도 들리지 않았다. 나는 그저 입을 열었다 닫았다 할 뿐이었고, 열리고 닫히는 입에서 공기만 나갔다 들어갔다 할 뿐이었다.

꼭 그 일처럼, 정전되는 것에는 어떤 경보도 없다. 그러다 몇 시간 후쯤 보통 전기는 다시 들어온다. 그런데 내 경우 그 정전은 6개월이나 계속되었다. 그 6개월 동안 나는 단 한마디도 제대로 말할 수 없었다. 다만 속삭일 수밖에 없었다.

아무도 내가 무슨 말을 하는지 이해할 수 없었고, 심지어 나 자신도 내가 하는 말을 납득할 수 없었다. 거의 미쳤었다고나 할까. 심인성 실어증에 걸린 것이다. 의료 진단 테스트 결과는, 내 성대는 정상이었다. 문제는 일반적으로 그러하듯 다른 곳, 즉 내 마음에 있었던 것이다.

과거에 나는 두루두루 '좋은 사람'의 표본 같은 그런 사람이었다. 아무도 나에 대해서 나쁘게 말하는 사람이 없었다. 어느 날 누군가가 나에 대해 나쁘게 말했을 때까지는. 목소리를 잃기 몇 달 전, 나는 정말 나쁜 일로 비난받은 적이 있었다. 적어도 내 기준으로 보자면 그 일은 정말 나쁜 일이었다. 그런데 나는 나를 나쁘게 말하는 그들이 틀렸다는 것을 증명할 수 없었던 것이다.

나는 그 일에 대한 분노가 어느 시점에선가 증발되면 괜찮아지겠지라고 생각했다. 그런데 알 수 없는 무엇인가가 나를 집어 삼

켜버렸다. 나는 너무 흥분했었는데, 의사 친구가 나중에 말하기를 만약 내가 좀 더 나이가 들었거나 건강이 좋지 않았다면 뇌졸중으로 쓰러졌을지도 모른다고 했다.

타인에게, 그들이 도움을 요청하며 부탁하는 것에 대해 안 돼, 라고 말하기란 참 어려운 일이다. 어릴 때부터 우리는 일종의 승낙한다는 사인이 필요했다. 우리는 좋은 사람이 되라고 가르침 받았다. 이런 일들. 접시를 깨끗이 닦고, 부모님 말씀에 순종하고, 문제를 일으키지 말라는 것과 같은. 간단히 말하자면 '그런 척'하라고 가르침 받았던 것이다.

어른으로서 당신이 안 돼, 라고 말해야 한다는 두려움에 떨고 있을 때, 우리 내면에 있는 다섯 살 아이가 인형극에 나오는 인형의 줄을 당기는 것이다. 그 아이는 거절하는 것을 두려워하며 모든 이를 웃게 하고 행복하게 해주길 원한다. 인형의 줄을 더 당기면 당길수록 그들은 더 엉망진창으로 엉키고 만 것이다. 그러나 당신에게 가장 중요한 것은, 더 나은 것을 인지하고 있는 당신 내면의 작은 목소리가 당신에게 괜찮다고 말하는 것을 듣는 일이다. 당신은 그러므로 당신 내면의 목소리, 즉 당신 자신에게 빚을 지고 있는 셈이다. 안 돼, 라고 말해야 하는 빚 말이다. 당신이 스스로에게 말하는 수많은 예스는 당신이 다른 일들을 안 돼, 라고 말해도 편안해질 수 있는 그런 바탕 위에서 말해져야 하는 것이다.

오든 이들로부터 사랑받을 수는 없다.

그것을 이해하면 삶이 바뀔 것이다.

그러나 다른 누구보다도 자신을 사랑하는 것이 필요하다.

먼저 자신을 사랑해야만 온전히 다른 이들도 사랑할 수 있다.

최근에 이런 말을 들었다.

"나는 당신이 나를 위해 당신 자신을 보살피는 것처럼 당신을 위해 나 자신을 보살필 것이다."

사람들은 이런 말을 이기적인 것이라고 불렀다. 지금은 이런 말을 자기 존중, 자존감이라고 부른다.

물이 만드는 홈

농사를 아는 친구가 내게 물이 파는 홈을 설명해준 적이 있다. 물이 땅에 홈을 파기 시작할 때면 흙이 아주 부드럽다. 처음에는 물이 그 부드러운 땅속으로 스며들어 땅이 젖지만 두 번째는 물이 땅에다 홈 모양을 만든다. 세 번째는 물이 그 파내어진 홈을 단단하게 만들다가 마침내 시멘트로 만든 홈처럼 된다고.

물은 보통 자기가 가야 할 길을 알고 그냥 흘러서 그 길을 따라간다.

인간의 뇌는 수십억 개의 뉴런으로 이루어져 있다. 우리가 어떤 생각을 행동으로 옮길 때마다 하나의 뉴런이 또 다른 뉴런과 연계되어 생각에서 행동으로 옮겨가는 경로를 만든다.

개개의 신경세포들은 수많은 다른 뉴런들과 연계할 수 있다.

그러나 대부분은 같은 종류의 뉴런끼리 계속해서 연계되는데, 이를 일상의 습관이라고 말한다.

우리는 일을 할 때 같은 과정과 습관으로 일을 한다. 매일 아침 같은 시간에 일어나고 같은 티브이 프로그램을 보고 같은 생각을 사고한다. 비슷한 사람들과 어울리고 같은 위치에서 사랑을 하고, 같은 장소로 여행을 간다. 그건, 다람쥐가 돌리는 쳇바퀴고 단조로운 운동을 반복하는 쳇바퀴이지, 삶은 아니다.

우리 뇌 속의 신경세포들은 말하자면 물이 만드는 홈과 같다. 물이 그 홈을 시멘트처럼 굳히는 것이다. 그러나 상상력은 자유롭게 달려야 하고, 창조하고, 도전하고 새로운 물길을 개척해야 한다. 그러자면 일상의 사슬에서 벗어날 필요가 있다. 그러나 우리는 그렇게 하지 않는다.

나는 아침마다 오디오북을 들으면서 조깅을 한다. 그렇게 하면 일주일에 오디오북을 한 권씩 끝낼 수 있다. 어느 날 나는 오디오북을 듣는 대신 딸이 좋아하는 음악을 듣기로 결심한다. 처음에는 오디오북을 듣지 않는 것이 마음에 걸렸지만, 어쨌든 음악을 즐기기 시작했다. 음악을 들으며 집으로 돌아오면서 나는 다른 종류의 에너지, 기분, 마음가짐으로 돌아올 수 있게 되었다. 조깅 후 다른 사람이 되어 집으로 돌아오는 것이다. 말하자면 나는 오디오북 듣는 것만을 고집하던 그 일상적 습관의 시멘트에 금을 낸 것이다.

당신의 시멘트가 좋은 것이든 나쁜 것이든 큰 차이는 없다. 만약 당신이 열심히 사는 사람이라면 휴식도 취하라. 열심히 독서를 하는 사람이라면 때로 멍하니 앉아 아무것도 하지 않는 시간도 필요한 것이다. 만약 자전거를 타고 다니는 사람이라면 자동차도 타라. 스파게티를 좋아한다면 변화를 위해서 쌀밥도 먹어줘라.

당신이 좋아하는 것을 끊어 보라. 단 한 번만이라도.
그건 어려운 것이 아니다. 그렇게 할 수 있는 것은 힘이다.

얼마 전 친구에게 그랬다.
"왜 내가 이런 생각을 예전엔 못했을까?"
아마도 친구가 들려준 물의 홈 때문이 아니었을까 싶다.

14

물 한 병의 값

2달러? 잠깐, 생각 좀 해봐야겠다. 슈퍼마켓에서는 그보다 좀 더 싸게 살 수 있다. 그러나 만약 당신이 사막 한가운데에서 목마름으로 죽어갈 때면 어떻게 할까? 그때는 전 재산이라도 내놓게 되지 않을까?

그때 우리는 그리스의 작은 섬 사이미섬에서 집으로 돌아오는 길이었다. 우리는 일단 큰 섬인 로데스섬으로 페리호를 타고 가서 거기서 비행기를 타기로 했다. 페리호는 1시간 반쯤 걸렸다.

우리는 갑판으로 올라갔는데 한눈에도 앉을 자리가 보이지 않았다. 그러나 좀 가까운 곳에 보니 청년 한 사람이 혼자 앉아 있는 것이 보였다. "같이 좀 앉아도 될까요?" 물었더니 그러라면서 옆에 있던 백팩을 끌어당긴다. 우리는 청년 맞은편에 앉을 참이었는데 말이다.

조금 어색하게 웃었지만, 그 이후에는 서로 눈 마주칠 일도 없었다. 곁눈으로 보니 청년의 옆에는 또 다른 가방이 있었다. 잠시 후에 그 가방의 주인, 청년의 여자친구가 왔다. 그녀 역시 우리에게 단정하게 미소지어주었다. 우리도 말없이 그녀를 향해 웃어주었다.

잠시 후 우리는 그 아름다운 섬에 작별 인사를 하려고 배의 고물로 가기 위해 일어섰다. 우리는 청년 커플에게 가방을 좀 봐줄 수 있겠냐고 가방을 가리켰다. 그 커플은 웃으면서 그러라고 고개를 끄덕였다. 그때까지도 말은 한마디도 하지 않았다. 배가 떠나고 우리는 자리로 돌아왔다. 그때까지도 말 한마디 없는 무언극은 계속되고 있었다.

물을 가지러 갔다. 배의 승무원이 몇 병이나 필요하냐고 물었을 때 나는 두 병이라고 말했다. 청년 커플들에게 물을 사줘야겠다는 계획은 하지 않았는데 불쑥 그렇게 두 병을 샀다. 나눈다는 건 언제나 좋은 거니까.

내가 테이블로 돌아와 청년 커플 앞에 얼음이 든 물병을 놓았을 때 그들은 기분 좋게 놀라는 표정이었다. 여자가 내게 감사하다고 말하고, 갑자기, 바로 그 순간 얼음같이 어색하던 침묵의 얼음이 깨어진 것이다. 우리는 사이미섬에 대해 이야기하기 시작했고, 우리의 휴가와 다른 여러 가지 일들을 이야기했다. 행복한 시간이었다.

물론 우리는 가장 친한 친구가 되거나 하지는 않았다. 전화번호를 교환하지도 않았고, 살아온 인생 스토리를 이야기하지도 않았고, 그럴 필요도 없었다. 그러나 우리는 서로 연계되어 있음을 알았다. 그것은 기분 좋은 일이었다. 인간이란 이런 존재라는 것을 느꼈다. 하나하나의 웃음이 서로 연계되는 것 같았다. 멋진 시간이었다. 배에서 내렸을 때 우리는 진심으로 부드러운 손짓과 말로 작별 인사를 나누었다.

누군가를 기쁘게 한다는 것에는 아주 적은 노력만 필요할 뿐이다.

그 작은 물병이 내게 물린 가격은 얼마였을까? 2달러 정도.
그러나 그 가치는 얼마만 한 것이었을까? 수천 달러….

부족한 게 낫다

무언가를 쓸 때마다 나는 불필요한 말을 없앨 때까지 읽고 또 읽는다. 쉼표 한 개라 해도 불필요한 것을 없애는 것은 가치 있는 일이다.

당신이 날기를 원한다면 쓸데없는 몸무게를 줄여야 한다. 나는 사람들에게 감동을 주기 위해 많은 말을 하느라 노력했다. 말을 많이 할수록 내가 말하고자 하는 것이 더 중요해질 것이라 생각했다. 모르는 것에 대해 두려워하면 할수록 말은 더 많아지는 법이다. 반면에 아는 것을 더 많이 알아갈수록 많은 말을 할 필요는 줄어드는 법이다. 이런 깨달음은 내게 충격으로 다가왔다. 유능한 연사들은 간명하게 말한다. 그들은 주제의 본질로 우회 없이 곧장 들어간다.

지혜의 원천은 간결함이다.

가장 위대한 스승이 제자들에게 한 유일한 말은 "나를 따르라."
였다. 그는 다른 말은 하지 않았다.

과거에 내 옷장은 옷들로 꽉 차 있었다. 어떤 이유인지 그 옷들
을 없애지 못했다. 어느 날 그 정신 사나운 옷장을 정리하기로 결
정했다. 정리를 위한 규칙은 어떤 것이든 1년 동안 입지 않은 옷은
누군가에게 주자는 것이었다. 내 옷장은 비워졌고, 내 집은 숨을
쉴 수 있게 되었다. 옷장을 볼 때마다 눈이 복잡하지 않아 좋았다.
마음이 가벼워졌다.

2001년에 스티브 잡스는 애플에서 최초로 아이팟iPod을 만들
던 팀에게 버튼을 두 번만 누르면 소비자들이 원하는 음악을 들을
수 있도록 디자인하라고 요청했다. 그의 팀은 그러려면 버튼을 세
번은 눌러야 된다고 주장했다. 잡스는 출시가 늦어질 수 있는 부
담을 안고 그의 팀에게 제작 기간을 늘려주었다. 결국에는 잡스가
요청했던 두 번 누르기 기능을 만들어내었다. 잡스의 그 한 번의
압박은 큰 차이를 만들어냈고 애플사의 어마어마한 성공의 일부
가 되었다.

몇 년 전이다. 자주 가는 서점에서 읽을 책을 고르던 중이었다.

어떤 책이 내 눈을 끌었다. 제목만 보고 나는 그 책을 사야겠다고 결심했다. 책의 제목은 이것이었다.

부족한 것이 낫다.

16

경고

우리는 바쁘다. 놀이공원에 갈 때면 언제나 서두른다. 두 딸과 나는 1분이라도 더 놀려고 한다. 그날도 딸들은 뒷자리에서 킥킥 대면서 놀고 있었다. 나는 속도를 내서 운전 중이었지만, 그렇다고 무모하다 할 정도는 아니었다. 그런데 대시보드에 빨간 경보가 들어온다. 나는 이런 경보 사인은 예전엔 본 적이 없다. 타이어 압력에 무슨 문제가 있는 것 같아 보인다. 무시하려고 애쓰지만 그래도 보이니 거슬린다. 그러니 내 속에 있는 쟁쟁거리는 잔소리 같은 작은 목소리가 신경을 긁는다. "내일 점검하지 뭐.", "아니야 오늘 해야 돼.", "아마 심각한 문제일 지도 몰라, 주유소가 바로 저기 있는데 뭘 미뤄 미루긴….

자동으로 조종하는 조종사같이 나는 주유소로 차를 몬다. 주유소 직원은 우리를 도우려 한다. 직원에게 경고 사인을 보여준다.

"고칠 수 있습니다."라고 그는 말한다.

"선생님 차의 공기압이 얼마인지 아세요?"

"모르겠는데요, 알아볼 수 있어요?"

그는 그것을 일도 아닌 것처럼 금방 알려주었다. 타이어의 공기압이 너무 높아서 경고등이 켜진 것이다. 지난주 타이어에 공기를 넣을 때 너무 많이 넣어서 그랬던 것이다. 주유소 직원은 적당량의 공기를 빼내고, 나는 요긴한 걸 하나 배웠다. 나는 팁을 많이 주는 편이 아니었다. 이젠 좀 많이 주어야겠다. 우선 팁을 잘 주고 나면 내 기분이 좋아진다. 주유소 직원은 내게 활짝 웃어 보였다. 우리도 모두 웃으며 다시 놀이공원으로 출발했다. 계획했던 것보다 5분 정도 놀이공원에 늦게 도착했을 수 있지만 해야 할 일을 했다는 것이 더 나를 기쁘게 했다. 우리는 가끔 해야 할 일을 하지 않고 편리한 일을 한다.

> 자신을 재촉하는 일을 우리는 좋아하지 않는다.
> 우리가 우리의 삶을 원하는 대로
> 끌고 가지 못하는 것은 그 때문이다.

우리는 경고를—그것이 작은 빨간불이라 할지라도—무시한다. "귀찮게 왜?"라는 말이 당신의 삶을 조금씩 조금씩 먹어 치운다.

"왜 귀찮게 타이어를 고쳐야 하지?"

왜 편안한 소파에서 일어나서, 점검을 해야 하고, 체육관에 가야 하며, 책을 읽어야 하냐는 거다. 그래서 티브이를 켜고 신경 쓰이는 대화는 피하고, 소파에 웅크리고 앉아 한 해를 보낸다. 그리고 마지막에는 거울 속에 비친 자신을 보며 당신 자신을 차 버리고 싶어 한다. 왜? 당신이 그 소중한 세월을 그냥 흘려보냈기 때문에.

처음에 그 경고는 작은 붉은빛이었다. 그다음엔 그것이 어마어마하게 큰 네온이 되어 번쩍일 수 있다. 그리곤 당신 머리통을 친다. 빌어먹을, 도대체 내 인생이 어디로 가고 있는 거지? 하고 당신은 묻게 될 것이다.

누가 그것을 당신에게서 도둑질해 갔는가? 내 상관이? 내 남편이나 내 아내가? 거울을 한 번 유심히 보라. 도둑은 당신이다. 그리고 지금은 그 도둑질한 것을 돌려줘야 할 때다. 이제는 그 경고 신호가 무엇인지 당신 스스로 알아차리고 무언가를 할 때다. 너무 편안한 것만 가지려 한다면 그 편안함은 당신을 천천히 고문해서 죽음에 이르게 할 것이다.

너나 잘하세요

어떻게 살 것인가 숙고하라. 나는 가끔 우리가 어떻게 하길래 이만큼 오래 사는지 궁금하다. 우리는 죽는 게 아니라 사실 대단히 효율적인 방법으로 자살하는 것이라고 생각한다.

어느 날 아침, 나는 아테네의 우리 집에서 가까운 방파제에 나갔다. 함께 수영하는 친구들에게 간단히 아침 인사를 하고는 물에 뛰어들 생각이었다. 그런데 관심을 끄는 일 때문에 물에 들어가지 않게 되었다.

70대 초반으로 보이는, 마치 머펫 쇼Muppet Show, 1976년부터 1981년까지 방영한 동물 인형이 나오는 30분짜리 코미디 프로그램에 나오는 백발에, 피부와 골격이 쪼글쪼글해진 두 여자가 이야기하고 있었다. 나는 살금살금 옆걸음으로 걸어가 그녀들의 이야기를 엿들었다.

나는 엿듣는 것을 좋아한다.

"나오기만 해 봐라, 나오는 대로 내가 이야기 좀 해야겠어."

"어제도 그랬는데, 못하게 해야 돼."

"그 여편네를 좀 보라구. 그놈의 여편네는 괜찮은가 봐, 아예 신경도 안 쓰나 봐."

"만약 그가 물에 빠져 죽기라도 한다면 그건 여편네 탓이야."

"맞아."

"그는 자기가 무슨 슈퍼 파워라도 가진 줄 안다구."

"아무튼, 올라오면 내가 이야기 할 거야."

"그래 해야 돼."

"저기 나온다!"

나는 여기서 수영하는 사람들을 잘 알기 때문에 그녀들이 누구 이야기에 열을 올리고 있는가를 정확히 안다. 그녀들이 수군대는 그 남자가 물으로 나온다. 몸이 잘 다듬어진, 쾌활해 보이고 누구나 좋아할 만한 남자다. 그 역시 그녀들처럼 70대지만 이제 막 60대를 지나는 것처럼 보인다. 수영 고글을 벗으며 그는, 두 여자가 그를 기다리고 있다는 것을 알아차린 것 같다.

"어떻게 지내요?" 그가 웃으며 인사한다.

"우린 좋아요, 조지. 그런데 당신 말이죠, 그런 식으로 하면 안

돼요."라고, 두 여자 중 한 명이 한 손은 엉덩이 위에 걸치고 다른 한 손의 손가락은 그를 가리키며 이야기한다.

여기서부터는 나는 크게 신경 써서 듣지 않았지만, 요점은 이런 거다.

"당신은 고글을 벗고 너무 멀리까지 수영해요. 당신 나이엔 그러면 안 되죠. 조지 당신은 어린애가 아니잖아요. 만약 무슨 일이라도 생기면 어떡하려고 그래요? 아프거나 쥐라도 나면 어떡하려고? 도대체 어쩌려고 그러는 거예요, 네?"

그녀들이 난리를 치면 칠수록 짜증만 더 날 뿐이다. 조지는 그냥 웃을 뿐이었다. 나는 물로 뛰어들었다.

우리는 늘 그런 식으로 남의 일에 끼어들지만, 그날 아침 일은 당연히 조금은 받아들이기 어려운 일이었다. 우리는 남의 일에 코를 박고 마치 그들이 우리에게 조언이라도 구해서 그런다는 것처럼 그들을 판단한다. 모든 사람이 나와 같기를 바라는 것이다. 남의 일에 참견하느라 건강을 해치고 쓸데없이 에너지를 소모한다. 마치 나는 어떤 문제도 없는 것처럼 남의 일에 끼어들기 시작한다! 남들이 그들 일에 집중할 수 있도록 당신은 쓸데없이 참견 말고 당신 일에나 집중하라.

아무도. 아무도 보살펴주지 않는다.

나는 어린 시절 내 친구들인 조지와 니키가 얽혀있는 일을 두
고 웃어야 할지 울어야 할지 모르겠다. 니키는 엄격한 가정 교육
을 받고 자란 친구다.

우리는 바닷가에 있었는데 조지는 물에서 막 나오는 중이었다.
그는 재미 삼아 바보같이 바다 성게를 자기 어머니 다리에다 쑤셨
는데, 그의 어머니가 그만 성게의 침에 찔린 것이다. 그녀는 아파
서 고함을 지르며 아들을 꾸짖었지만, 곧 아들을 용서했다.

그 일을 두고 니키가 조지 어머니에게 이렇게 물었던 것이다.

"조지 때릴 거죠?"

"아니, 니키. 조지는 나를 아프게 하려고 그런 게 아니거든."

"내가 대신 때려줄까요?"

쯧쯧.

아직도 우리는 그러고 있다.

아름다움을 보라

나는 사랑하는 조카 이야기를 하려고 한다. 그는 괜찮은 가족 중의 한 사람이자 높은 이상을 가지고 자기 직업에 충실하다. 정말 흠잡을 데 없지만, 내 생각은 좀 달랐다.

4월의 아름다운 어느 날이었다. 햇빛이 무척 밝은 날이었지만 덥지는 않았다. 조카와 나는 친구 몇 명과 함께 아테네 교외의 해변에 있었다. 어떤 이는 어슬렁거리고, 어떤 이는 조깅을 하고 또 어떤 이는 개를 데리고 산책하고 있었다. 수영을 하는 사람도 있었고, 라켓볼을 하는 사람도 있었다. 참으로 축복이라 할 만한 그런 인생의 어느 풍경이었다. 모든 것은 불가능할 정도로 완벽한 작은 금속 조각상으로 만든 영화 세트장처럼 조화로워 보였다. 정말 그날의 풍경은 완벽했다.

우리 셋은 그곳에서 두어 시간 정도 좋은 시간을 가졌지만, 네 번째 사람은 그렇지 못했다. 그 네 번째 사람이 누구일지 추측하겠는가? 우리 셋은 아름답고 푸른 바다와 주위 경관에 눈을 거의 고정시키고 있었다. 그러나 내 조카는 아니었다. 우리는 앞을 보고 있었지만, 조카는 야외용 담요 위에 누워 있는 사람들을 돌아보고 있었다. 우리는 바다를 보고 있었고, 그는 먹을 것이나 쳐다보고 있었던 것이다.

그는 아주 산만했다. 산만해지면 질수록 맘은 더 조급해지고 초조해지는 법이다. 집중한다는 것은 당신에게 생명을 불어넣어 주거나 생명을 빼앗아가거나 둘 중의 하나를 한다.

> 성공이란 당신이 원하는 것을 가진다는 것이다.
> 행복은 당신이 가지고 있는 것 속에 있다.
> 많은 사람이 두 번째 말을 이해하지 못한다.

우리가 얻지 못하는 것은 적절하게 맞추어야 할 초점이 결핍되어 있기 때문이다. 두 팔과 다리를 가졌다는 것, 소리가 들리고 그 소리를 들을 수 있는 귀가 있다는 것, 기쁠 때 무엇이 기쁜지 말할 수 있는 민주주의 세상에 산다는 것, 그것들이 얼마나 큰 행운인지 우리는 잘 이해하지 못하고 있다.

객관적인 현실이란 없다. 오직 각각의 개인이 자신의 현실을 보는 주관적 현실만 있을 뿐이다. 그들은 암실에서 필름을 인화하는 것이다. 그 암실이 바로 초점이 작동하는 곳이다. 그곳에서 사람들은 컬러를 더 입히거나 빼거나, 사진을 더 밝게 하거나 어둡게 하거나 한다. 그곳에서 이미지를 더 선명하게 하거나 흐릿하게 하는 것이다.

사람 몸으로 비유하자면 초점을 근육이라고 부를 수 있을 것이다. 그것은 아마도 가공되지 않은 가장 원초적인 것이다. 그러나 그것은 당신의 행복을 결정할 수 있는, 당신의 삶, 바로 그 삶을 결정할 수 있는 가장 중요한 것이다.

옛날에 가난한 신발 장수 두 남자가 있었다. 그들은 사람들이 맨발로 다니는 나라로 여행을 갔다. 한 남자가 그 나라를 떠나면서 말하기를 "이 사람들은 신발을 사지 않아."라고 했다. 그러나 다른 남자는 거기에 머물기로 하며 말했다.

"여기가 바로 내가 행운을 만들 곳이야."

그리고 그는 그렇게 했다.

베리아까지는 15시간

그녀의 이름은 이레네다. 이레네는 언어 교사였다. 그녀는 자신의 마음이 어떤지 알며, 자신이 원하는 것을 옹호하고, 삶을 최대한 유용하는 그런 사람이었다.

세련된 재치와 친절함은 그녀라는 유일무이한 칵테일을 만드는 두 가지 재료다. 그녀는 내가 설계하고 있던 새로운 수업에 대해 그리스 북부 베리아로 와서 지역 선생님들과 학부모들에게 이야기해주기를 원한다고 연락해 왔다. 내가 설계하고 있던 수업은 인생에 대한 새로운 전망에 대해 아이들과 어른들을 모두 가르치는 것이었는데, 나는 모든 그리스 학교에서 이 수업 방식이 채택되기를 희망했다.

그 학교의 운동장에 첫발을 디뎠을 때 나는 너무 놀랐다. 이 학교는 1970년대 오래전 아테네의 초등학교로 나를 곧장 데리고 갔다. 벽에 걸린 지구 물리학의 지도, 파란색과 흰색의 교복, 벽 앞에 늘어선 음용 수도꼭지, 그리고 복도에서 놀고 있는 아이들이 그랬다. 그것은 마치 전생에서 내가 경험한 것 같았다. 이번 생은 아니었다.

단 한 가지 차이점이 있었다면 웃고 있는 레프테리스 교장 선생님이었다. 내가 언제나 꿈꾸었던 웃는 얼굴의 교장 선생님 모습이었다.

교사와 학부모 약 50여 명이 그날 저녁 프레젠테이션에 왔다. 그들에게는 아이들과 시간을 보내고, 가족과 함께 즐기며 쉬어야 할 백 가지 이유가 있었을 것이다. 그러나 그들은 학생들과 아이들에게 보다 나은 미래를 제공할 수 있는 또 다른 시각에서 삶을 보는 것을 선택했다.

2시간 동안 서로 다른 참석자들의 생각은 같아졌다. 2시간 동안 우리는 모두 서로에게 진심이었다. 그들은 참석해서 질문했고, 반대했으며, 그리고 영감을 받았다. 설명회 끝 무렵 그들은 미소 띤 얼굴로 "과연 이런 마법 같은 인생이 실제로 가능할 것인가?"라는 질문을 품은 채 자리에서 일어섰다.

설명회가 끝난 뒤 그들은 나에게 학교 재정이 아닌, 자기들 돈으로 저녁 식사를 대접하겠다고 했다. 나도 식사비를 좀 내겠다고 했지만 그들은 자기들이 부담하겠다고 주장했다. 그들은 지난 몇 년간 수입이 줄어 급여 수표의 액수가 동강이 나고 줄어들었는데도 여전히 자존심을 지키고 싶어 했다.

다음 날 아침 나는 일찍 떠나야 했지만 시간을 쪼개어 내가 대단히 자랑스러워하는 베리아 공립 도서관을 방문했다. 그 도서관은 빌 게이츠와 메린다 재단이 만든 공공 도서관 상을 받은 몇 안 되는 도서관 중의 하나다. 시민의 60%가 회원으로 등록이 되어있는 그 도서관은 베리아시의 자랑이자 기쁨이다.

도서와 DVD를 소장하고 있는 것 외에도 영감을 주는 도서관 내의 장소에서 각종 워크숍, 세미나, 연극, 이 외의 기타 행사를 주관하고, 3D 프린터에 녹음 스튜디오까지 갖춘 것을 보며 나는 놀라울 정도로 감격했다.

아테네로 돌아와서도 내 마음은 전날 만났던 교육자들과 자신들이 가진 비전을 실현하려는 그들의 열정을 계속 되돌아보고 있었다.

어제, 나는 내 삶의 작은 부분을 그들의 삶에 투자했다. 그리고 그들도 우리가 한마음이 될 때까지 내가 투자한 것처럼 똑같이 내게 투자했다. 내가 그들을 만나면서 배운 가장 중요한 교훈은 내가 그들을 가르치려 했다는 것이 아니라 그들이 나를 가르쳤다는 것이다.

이런 멋진 나라에 사는 것이 나는 자랑스럽다.
나는 그리스인인 것이 자랑스럽다.

어느 전기 기사

그는, 믿을 만한 판단력을 가진 내 친구가 소개해준 전기 기사이다. 친구가 소개한 사람은 언제나 최고 수준이었다. 그 전기 기사의 이름은 야니스다.

그는 최고 수준의 전기 기사였다. 나는 그가 우리 집에 발을 들여놓자마자 그런 줄 단박에 알았다. 그는 과학자라고도 할 수 있다. 그가 종사하는 전문 분야에서는 사실 과학자라 할만하다. 신속하고, 정확하고, 깔끔한 일 처리가 그랬다.

나는 내 일을 하고 그는 그의 일을 했다. 그는 무엇을 해주십사 하고 두 번 말할 필요가 없는 그런 사람이다.

"이 자투리 일도 마무리돼야 해요, 내가 해야 하나요?"

그가 물었다.

"네, 고쳐주세요, 야니스," 하고 말한 후 나는 내 일에 몰입했다.

"그렇지만 이걸 고치려면 일단 부숴야 하는데요."라고 그는 말한다.

"뭐라구요, 야니스."

나는 꿈에서 금방 깬 사람처럼 말한다.

"고치려면 부숴야 한다구요, 스테파노. 다른 방법이 없어요."

야니스의 말은 나를 생각하게 한다. 무언가를 고치려면 먼저 그것을 부숴야 한다는 것을. 내 딸들이 그렇게 하는데, 그 아이들이 레고를 가지고 놀 때다. 아이들은 성을 쌓고, 집을 짓고, 학교도 짓고는 좋아한다. 자기들이 만든 것을 잃어버리고 싶어 하지 않는다. 그러나 새로운 것을 만들어야 하는데 레고 블록이 모자라면 잠시 슬퍼한 후 새것을 만들기 위해서는 먼저 만들어 놓은 것을 부수어야 한다는 것을 깨닫는다.

나는 그런 이치를 인생에서 본다. 새로운 길을 열기 위해 무언가 죽는 것, 그것은 새로운 탄생을 위해 죽는 것이다. 이 이치는 인간관계, 우정, 사업, 건물, 감정, 간단히 말하자면 모든 것에 적용된다.

우리는 종종 옛것에 집착한다. 그러나 옛것을 흘려보내지 않으면 새것은 올 수 없다. 새것이 들어설 자리가 없기 때문이다. 만약 당신이 헌 옷을 버리지 않는다면 새 옷을 걸어둘 공간이 있겠는가. 만약 여름이 지나가지 않는다면 어떻게 가을이 올 수 있겠는가. 만약 당신이 마음을 비우지 않는다면 새로운 생각은 채워질 수 없다. 그러나 우리는 변화를 좋아하지 않는다.

우리는 헌 셔츠를 버리기 싫고, 여름이 지나가는 것이 싫으며, 마음을 비우기도 싫다. 그리고는 여자친구와 남자친구들이 인생의 앞으로 나아갔다는 사실을 극복하지 못하듯, 2019년이라 쓰고 지금보다 형편이 나았던 2009년에 하던 행동을 하듯, 18살 난 자녀를 어린애 취급한다.

닻을 높이 올리기보다는 차라리 해저를 따라 표류하는 것이 낫다. 우리는 언제나 아픈 것이 당연하다.

현실에 저항할 때
누가 이기겠는가를 생각해보라.

만약 운전하면서 앞을 바라보는 대신 계속해서 백미러만 본다고 가정하면, 무슨 일이 일어날까. 당신이 태어나는 순간부터 오직 한 가지 확실한 것이 있다면 그것은 당신은 죽는다는 사실이다. 그래서 죽음을 가장 두려워하는 사람은 인생을 살지 않는 사람이다.

그러므로 살기 시작하라.

내일이 아니라 오늘을.

코스타스를 기다리며

은행에 갔을 때 일이다. 서류 작업이 끝나자 예의 바른 은행 직원이 창구 앞에 나 있는 두 줄로 나를 데리고 가주었다. "이 줄에서 코스타스를 기다리세요."라고 그녀는 말했다. 기다리는 동안 나는 창구 직원 두 사람을 살필 수 있었다. 그녀가 말한 코스타스와 또 한 사람 다른 여직원이었다.

나는 왜 그녀가 코스타스를 기다리라고 했는지를 금방 깨달았다. 코스타스는 산뜻하게 풀 먹인 보라색 셔츠를 입고 있는 삼십대의 젊은 남자였다. 머리는 잘 손질되어 있었다. 안경도 잘 어울렸다. 그는 의자에 똑바로 앉아 웃는 얼굴로 고객들을 맞았다. 거기다 신속하고 효율적으로 일을 처리하면서도 모든 고객에게 덕담을 했다.

그의 그런 자세는 이런 메시지를 담고 있었다. "대답은 예스. 자 뭐가 필요한지 말씀해보세요."라고. 나는 그를 계속 관찰했다. 다음은 6살쯤 난 아들을 데리고 온 여자의 순서였다. 나는 그가 그 꼬마에게도 말을 건네는지를 보기 위해 기다렸다. 그는 그런 내 마음을 읽기라도 한 듯했다. "어때, 꼬마 친구?" 하면서 그는 눈으로 하이파이브를 했다. 꼬마는 웃으며 대견스러워하는 엄마를 올려다보았다. 코스타스의 그 한 마디가 순식간에 꼬마를 10인치는 더 클 만큼 북돋았다고 생각되지 않는가.

다른 창구 직원은 코스타스 나이쯤으로 보이는 여자였다. 그러나 그녀가 좀 더 나이 들어 보였다. 안경은 약간 구식이었고, 입고 있는 블라우스는 조금 주름이 가 있었고. 자세는 구부정했다.

그 둘을 나란히 보고 있자니 딸들에게 읽어줄 '미스터 스마일리와 미세스 프로운 페이스Mr. Smiley and Mrs. Frown-face' 이야기가 떠올랐다. 그녀가 일을 못 하는 것은 아니었지만, 뭐라고 해야 할까? 만약 당신이 자석이라면 당신은 코스타스에게로 끌릴 게 틀림없다.

내 차례가 되었다. 나는 그에게 서류를 넘겨주고 내가 필요한 것을 설명했다. 그는 바로 알아차렸다. 2분 뒤에 그는 내게 서명할 종이를 주었다. "이게 다예요?"라고 나는 물었다.

"그다지 빠르지는 않죠."라고 그는 웃으며 대답했다. 그리고 또 2분 뒤에 그는 나머지 서류들을 주면서 "자 이제 다 끝났네요."라며 활짝 웃었고 그런 다음 다음 차례의 고객에게 인사했다.

코스타스와 그 여직원의 연봉은 같을 것이다. 그들은 같은 상관을 두고 같은 은행에서 일하며 같은 나라에서 산다. 그러나 코스타스는 일어날 때와 잠들 때 웃을 수 있는 이유를 발견한 사람이다.

코스타스 같은 사람과 같이 일한다는 건 순수한 기쁨이다.
그건 내가 코스타스가 되는 것만큼이나 온전한 기쁨이다.

이 또한 지나가리라

화요일 아침은 관례적으로 미할리스와 만난다. 친구 미할리스와 나는 해 뜨기 바로 직전 6시 45분에 만나 늘 그렇듯 5분 정도 이야기를 나눈 뒤 뛰기 시작한다. 우리는 정확하게 35분을 달린다. 달리는 동안 혀도 운동한다. 쉼 없이 이야기를 나누기 때문이다.

5분쯤 달리면 벌써 달려온 거리는 많이 길어져 있다. 작은 것들이 모여 큰 것이 된다는 것을 알기 때문에 일정한 시간이 지나 우리가 도달해야 하는 지점에 도달할 때마다 우리는 기뻐한다. 만약 당신이 내게 그에 관해서 묻는다면 미할리스는 좋은 남자고, 유능한 전문가이며 가족을 사랑하는 사람이지만 자신에게는 조금 가혹한 사람이라고 말하겠다.

달리기는 언제나 바다로 뛰어드는 것으로 끝난다. 그날, 미할리스는 좀 바쁜 일이 있어서 나 혼자 수영을 했다.

나는 언제나 수영하는 장소로 헤엄쳐 가서 해변 풍경을 구경하기 위해 돌아본다. 멀리 떨어진 해변에 줄지어 서 있는 아파트들이 있다. 이 풍경은 지난 10년 동안 바뀌지 않았다. 겨울에도 여름에도 빗속에서도 수없이 보았다. 심지어 눈 덮인 광경도 보았지만, 내가 충분히 설명할 수 없을 정도로 그 풍경은 아름답다.

10년 전 내 회사는 잘 굴러갔고, 그것을 기념하기 위해 나는 수영을 했다. 5년 전 회사는 어려움에 직면했고, 나는 마음을 비우려고 수영을 했다. 2년 전에도 해변의 스카이라인은 똑같았다. 한 가지, 바로 내 회사가 사라진 것만 제외하고. 어제 일 같다. 시간은 정말 빨리 간다.

현재는 종종 광활한 대양같이 보인다.
그래서 염려는 쓰나미처럼 당신을 덮치는 것 같다.

그래서 벗어날 길이 없는 것처럼 생각되지만, 그래도 1년이나 2년 후, 여전히 일이 일어났던 당시처럼 어려워도 일어난 당신은 웃을 수 있을 것이다. 모든 일어나는 일에는 이유가 있다. 그리고 거기에 우리가 배워야 할 교훈이 있다.

어떤 왕이 현자에게 그가 가진 가장 심오한 진리를 나누어주기를 요청했다.

"그것을 가진다면 내 왕국의 절반을 주겠소."

왕이 현자에게 말했다.

현자는 왕의 그 제안을 거절했지만, 왕에게 반지 하나가 들어 있는 선물 상자를 주었다.

"왕이시여, 매일 아침 상자를 열어 반지에 새겨진 말씀을 읽으십시오."

"그런 다음 그걸 다시 제 자리에 갖다 넣으십시오."

왕은 그렇게 하겠다고 했다. 다음 날 아침까지 왕은 그것을 기다릴 수가 없었다. 조급한 마음에 반지를 열고 읽었다. 거기엔 이렇게 새겨져 있었다.

"이 또한 지나가리라."

결코 꿀벌이 되지 마라

15년이 지난 일이다. 그러나 나는 이 이야기를 잊어본 적이 없다. 나는 어느 워크숍에서 이 이야기를 들었다. 연사는 깊은숨을 들이쉬었다. 그 얼굴 표정에서 그가 하려는 이야기가 인생의 의미에 대한 비밀을 나누려는 것 같았다. 그는 그렇게 했다. 그것은 우리에게도 비밀이 되었고, 이제 내 순서가 되었기 때문에, 나는 그 비밀을 나누려 한다.

"빈 병을 창가에 놓고 바닥이 유리창과 수평을 이루게 하면, 햇빛이 빈 병 바닥을 통해 들어옵니다. 그리고 벌 한 마리를 병에 넣습니다. 벌은 '똑똑한' 곤충입니다."

연사는 '똑똑한'이란 단어에 힘을 준다.

"벌은 불행하게도 모든 것에 대해 엄격하고 빠른 규칙을 가지고 있죠. 벌은 병의 출구가 빛을 향해 있다는 걸 알아요. 만약이라든가 그러나라는 것은 없어요. 그래서 그 벌은 계속해서 병의 밑 바닥으로 향해 날기 때문에 결코 병을 빠져나오지 못해요. 조금 후엔 죽죠."

"이번에는", 연사는 계속한다, "파리 한 마리를 병 속에 넣습니다. 파리는 우둔한 벌레죠."

"파리는 규칙을 따르지 않아요. 파리는 자기가 모른다는 것조차 모르죠. 그래서 그놈은 해답을 찾는 겁니다. 윙윙대며 주위를 날죠, 위로 아래로, 좌로 우로. 결국 파리는 병을 빠져나갈 길을 찾습니다. 살아남습니다. 여러분, 결코 벌이 되지 마십시오."라고 그는 우리에게 말했다.

"그리고 벌을 피하세요. 언제나 파리가 되세요. 당신은 모른다는 것을 아셔야 합니다. 그리고 발견하세요."

나는 사람들이 자신을 오래되고 무거운 철제 금고 속에 넣고 잠그는 것을 본다. 그들은 스스로를 그 안에 가두고 맹꽁이자물쇠에 비밀번호를 넣는다. 그리고는 어느 시점에서 그 비밀번호를 잊어버린다. 그런 후엔 그 상자가 자신들의 세계가 되기 때문에 자신들이 갇혀있다는 것도 잊어버린다. 그들에게 아무리 말해도 그들은 듣지 않는다.

출구를 보여주어도 그들은 그것을 보지 않는다. 그들은 벌이 되어 있는 것이다.

문제는 당신이 모른다는 것이다.
문제는 당신은 당신이 안다고 생각하는 것이다.

당신이 안다고 생각하면 할수록 당신은 자신을 더욱 깊이 가두게 된다. 학업을 마쳤다 해도 배움에는 끝이 없다. 죽을 때까지 배우라. 지식을 들어오게 하고 당신이 아침 햇볕을 쬐듯 그 지식의 빛과 온기 속에서 몸을 녹이시라. 삶에 열중하라. 당신의 나날들을 그냥 굴러가도록 두지 말고, 그 나날들에서 배우라. 돈을 얼마나 벌어야 하는가를 묻지 말고 무엇을 얼마나 배워야 하는가를 질문하라. 그게 바로 당신이 살 만한 가치 있는 인생이다. 소크라테스는 이렇게 말했다.

"나는 내가 아무것도 아는 게 없다는 것을 안다."

유사 이래 가장 위대한 지성인 그도 '파리'로 살았다.

어느 거지

처음 내 차 쪽으로 오는 그를 보았을 때, 나는 그의 눈을 피했다. 그러자 그는 나한테서 아무것도 얻지 못할 것이란 것을 알아차리고 뒤차로 갔다. 뒤차는 그에게 무엇을 주는지를 보려고 나는 백미러를 들여다보았다. 그때 신호등이 녹색으로 바뀌었다.

다음번에 그를 보았을 때 나는 그를 더 자세히 보았다. 회색빛 나는 턱수염에, 밝은색의 눈, 앞니가 빠진 70살이나 먹은 사람을 내가 좋게 볼 리가 없었다. 서로 눈이 마주쳤을 때, 그는 내게서 아무것도 얻지 못할 거라 생각했던지 그냥 지나쳤다. 나는 그가 나를 기억하고 있는 것 같이 느껴졌다.

세 번째 그를 보았을 때, 나는 약간 운이 좋았다. 하루 전날 산 피자 절반이 내 옆자리에 있었던 것이다. 나는 이런 상황을 정확히 대비해서 그것을 가져왔던 것이다. 내가 문을 열자, 남자는 확 풍기는 피자 냄새를 맡은 것 같았다.

나는 피자 박스를 그에게 주었다. 그게 내가 한 전부다. 그의 얼굴이 한순간 환해졌다. 입이 찢어지도록 웃는 그를 보고 있자니 타임머신이 나와 함께 그를 삼십 년 전으로 데리고 가기라도 한 듯 그의 모습이 변했다. 그것은 마치 영화 속에서 마법 같은 일이 일어날 때 보는 것과 같은 빛이었다. 그러나 그때 내가 느낀 것은 컴퓨터 그래픽 효과가 아니었다. 그것은 현실에서 일어난 일이었 고, 내 전 존재를 관통했다.

다음에 그를 만났을 때 그는 내게서 뭔가를 기대하는 것 같지 않았다. 나는 그게 좋았다. 그는 멀리 서서 지난번처럼 활짝 내게 웃어주었다. 나는 바나나가 하나 있는 것이 생각났다. 고개를 끄덕여 오라고 하자 그는 서둘러 건너왔다. 바나나 하나를 주었다. 이제는 좀 친근해진 방식으로 그는 환하게 웃었다. 그는 내가 자기를 건강하게 먹을 수 있도록 돌봐주고 있다고 생각하는 것처럼 보였다.

이제 우리는 친구가 됐다. 동네 근처 신호등에 차를 세우게 되 면 나는 그를 찾는다.

내가 먹을 것을 갖고 있을 때면 나는 그에게 준다. 거스름돈을 가지고 있어도 그에게 준다. 그 사거리에 접근하면 그도 내 차를 알아보고는 나를 찾아온다―그러나 하염없이 나를 기다리지는 않고 신중하게, 어떻게 해야 하는지, 그 스스로 알고 있는 방식으로 나에게 온다.

한 사람이 다른 사람에게 완전히 기대지 않고, 다른 사람의 영역을 존중해주는 그런 관계는 아름답다. 최근에 한동안 나는 내 인생에서 처음 만난 사람들, 아마 마지막으로 만나는 사람이 될 사람들, 스쳐 지나는 사람들, 통행료 계산소에서 만난 사람, 약국 계산원 같은 낯선 사람들과의 관계에 투자하는 것을 배웠다.

웃어주는 것, 고맙다고 말하는 것, 좋은 아침이라고 인사하는 것, 동의의 표시로 끄덕여주는 것 등은 나를 기쁘게 한다. 그것은 내 전 존재가 재충전되는 듯한―마치 자전거 발전기 같은―느낌이다. 당신이 뭔가를 주면 그것을 돌려받게 된다. 그건 사실이다. 당신이 종잇조각에 뭔가를 그리면 똑같은 이미지가 종이 뒤쪽에 자국으로 남는 것처럼 말이다.

그러나 주는 것이 좋아서 주어야지 당신이 무엇을 돌려받을 것인가를 계산해서 주는 것은 좋지 않다. 돌려받을 것을 계산하고 준다면 당신이 그리는 '선물'이라는 선행은 결코 선한 일이 되지 못한다.

전체적인 상황은 완벽한 대차대조표다.
차변과 대변은 언제나 균형을 이룬다.

그것은 마치 대학에 다닐 때 배운, 차변과 대변이 같은 복식 부기인 T 계정 같은 것이다. 한 가지 다른 것은 회계 연도가 언제 끝날지 모른다는 것인데, 그것을 신경 쓰지는 말아야 한다. 하늘에 계시는 위대한 회계사께서 적절한 때에 계산해주실 것이기 때문이다. 만약 당신의 차변과 대변이 맞지 않아도 불평하지 마시라.

차변 쪽에 더 많이 얹어라. 그러나 당신의 계정을 정리하기 위해서가 아니라 당신이 그것을 필요로 해서 그렇게 하라.

어떤 것도 돌려받을 것을 기대하지 말아야 한다. 당신은 돌려받을 것이지만 그렇다고 그것 때문에 그렇게 해서는 안 된다. 그러면 '베풂'의 공식이 파괴되고 만다.

당신은 뜻하지 않은 장소에서 뜻하지 않게 그것을 얻게 된다. 그러나 반드시 얻게 될 것이다. 그것을 의심하지 말라. 내 경험에서 하는 말이다.

왜?

어느 월요일 아침에 있었던 일이다. 막 아침 8시가 될 즈음 나는 은행 바깥에서 줄을 서 있었다. 내 앞에는 잘 차려입은 노부인이 지팡이를 짚고 서 있었다. 문이 열리고 사람들이 안으로 들어갔다. 그 노부인은 줄의 세 번째에 서 있었는데 훨씬 뒤에 있던 다른 숙녀가 그 노부인에게 차례를 양보하자는, 그런 좋은 제안을 했다. 노부인은 감사하지만 괜찮다고 했다.

나는 그 숙녀에게 좋은 제안이었다고 말해주면서 이런 일을 생각하지 못해 미안하다고 했다. "당신은 옳은 일을 했어요."라고 말해주었다. 그랬는데 그녀의 대답에 날이 서 있었다.

"네, 저도 제가 옳다는 거 알아요. 그런데, 누가 듣기나 했어요?"

그녀는 화가 난다는 듯 머리를 흔들며 혼자 뭐라고 투덜거리며 제자리로 돌아갔다.

만약 그때의 상황을 만화로 표현한다면 그녀의 머리 위에 시커먼 구름이 그려져 있었을 것이다. 그녀의 반응은 충격적이었지만 크게 놀랄 만한 것은 아니었다. 나는 아무 말 하지 않았다. 아무튼 내게 화가 난 건 아니었으니까 말이다.

은행에서 나는 주위 사람들에게 신경이 쓰였다. 그들은 모두 우울하고 짜증이 나 보였다. 바로 전에 있었던 그 재난아무도 내 말을 안 들었노라고, 그곳에 있은 죄로 도매금으로 싸잡힌 때문인 듯했다.

울적한 사람들의 행진 같았다고나 할까. 그 모습이 이상하리만치 뇌리를 쳤다. 그러나 놀라지는 않았다.

조금 긴 시간 동안 혼자 걸으면서 마음속에 의문이 생겼다. "왜?" 처음에는 조그만 소리였는데 갈수록 그 "왜?"가 커지더니 급기야 거대한 "왜?"가 되어 나를 질식시키기 시작했다.

왜 우리는 "죄송하지만"이라고 말하지 않지?
왜 우리는 고맙다고 말하지 않을까?
왜 우리는 웃지 않지?
왜 우리는 사랑하는 것을 두려워할까?
왜 우리는 그 사랑을 보여주는 것은 더 두려워하지?

왜 우리는 우리 자신을 배려하지 않을까?

왜 우리는 반려동물 음식보다 못한 것을 자신에게 먹이지?

왜 우리는 자동차는 그렇게 아끼면서 스스로에게는 서비스하지 않지?

왜 우리는 전화기를 바꾸듯 우리 자신을 바꾸지 않을까?

왜 우리는 스스로를 욕할까?

왜 우리는 백만 년을 살 것처럼 시간을 낭비할까?

우리에게는 단지 1,000개월 밖에 없다. 인생은 그렇게 작동한다.

왜 우리는 정작 문제를 일으킨 사람에게는 말하지 않고 페이스북 같은 곳에서 동네방네 외치지?

왜 우리는 다른 사람의 기쁨에 함께 기뻐하지 않을까?

왜 모든 것은 남 탓이지?

왜 항상 울며불며 이야기해야 하나?

어느 날 택시를 타고 집에 왔다. 집 근처에 정지 표지판이 없는 교차로가 있다. 택시 운전사에게 "여기 정지 표지판도 없어서 사람들이 속도를 내고 확 지나가니까 조심하세요."라고 했다.

"속도만 낼 줄 알았지 아무것도 못 하는 사람들이죠."라며 그는 툴툴댔다. 굿나잇, 하고 그에게 인사했다. 잘 쉬어요, 친구.

파라다이스 길 70번지

나는 지난주 딸들과 함께 그리스의 시프노스섬에 휴가를 갔다. 어제 우리는 하루를 보내고 난 뒤 해변을 산책하며 유쾌한 저녁 시간을 보내기로 했다.

잔잔하기가 유리 같은 바다 위로 별이 빛나는 밤 시간은 정말 매혹적이었다. 이런 매혹적인 밤은 오직 그리스에서만 경험할 수 있다. 해변을 부수는 파도는 음악의 멜로디처럼 느껴지기에 충분할 만큼 부드럽다. 멀리서 반짝이는 타베르나그리스 지방의 작은 요릿집의 불빛은 물에 반사되어 파도 위에서 반딧불이들이 춤추는 것 같았다.

딸들과 나는 선물을 가지고 가는 동방박사처럼 한 줄로 서서 걸었다. 우리는 모래가 젖어있는 아름다운 길을 걷고 있었지만 파도에 발을 적시지는 않았다. 약간 큰 파도가 오면 젖지 않으려고 우리는 모두 동시에 풀쩍 뛰어 옆으로 비켰다.

얼마 지나지 않아 작은딸은 발목까지 물이 차는 곳에 들어갔다. 바로 그 점 때문에 나는 자연의 지혜에 경배했다. 모두 너무 다르다. 큰딸은 조심스러워서 단 한 방울의 물도 묻히지 않았다. 작은딸은 아직 어려서인지 조심성이 없어서 계속 더 깊은 곳으로 들어가는 바람에 우리는 그 아이를 끌어내야 했다.

한 애는 물에, 한 애는 물 바깥에서, 무리 지어 있는 비치 파라솔을 지나 우리는 계속해서 해변을 따라 걸었다. 해변의 어떤 파라솔은 잘 차려입은 국제적인 감각이 있는 멋쟁이가 고급 레스토랑에서 우아한 손을 린넨 주머니에 넣고 칵테일을 홀짝이며 전채 요리를 즐기는 것처럼 좀 더 환상적이고 세련돼 보였다.

다른 것들은 뒤로 느긋하게 드러누워 세상의 질서를 따르지 않는 보헤미안처럼 환상적이고 세련된 우아한 비치 파라솔들을 견딜 수 없어 하는 것 같았다. 그러나 보기에는 다들 나름대로 멋이 있었다.

인생도 그와 같다. 당신이 조화로움을 추구하고, 당신이 조화를 깨트리지 않으면 세상이 조화롭듯 어제의 모든 밤 풍경은 완벽하게 조화로웠다.

비치 파라솔이 더 이상 안 보이는 곳에 오자 작은 애가 피곤해서 징징거리기 시작했다. 그러나 불빛이 적어질수록 별빛이 더 밝아지는 그곳이야말로 정말 마법 같은 장소였다.

해변의 뒤쪽으로는 축복받았다고 할 수밖에 없는 몇 채 안 되는 바닷가 주택이 있었다. 그중 가장 작지만 예스러운 멋이 있는 집에는 조명이 켜진 표지판이 있었다. 우리는 표지판으로 가까이 다가갔다. 그것은 번호였다. 70번. 그 집은 마치 번잡한 도시에 있는 집처럼 번호가 매겨져 있었던 것이다.

왜 번호가 매겨져 있는지는 알 수 없었지만, 어쨌든 그 집은 예스럽고 로맨틱한 노래를 부르거나 그와 같은 목적으로 세워진 영화 세트장의 일부에나 빈틈없이 맞을 것 같았다.

세 여인이 비치가 바라다보이는 포치에 조용히 앉아 저녁 시간을 즐기고 있었다. 나는 그들을 방해하고 싶은 건지 아닌지 생각해 보았다. 결국 나는 이야기라도 나누고 싶은 마음을 참을 수 없었다.

"세상에서 가장 아름다운 집을 가지셨군요!"라고 말하자 세 여인은 웃어 보였다. 우리는 계속해서 걸었다. 젊은 커플이 저녁 수영을 하고 있었다. 어린아이 몇은 해변을 따라 서로 쫓아다니고 있었다.

조금 더 내려가자 몇몇 관광객 그룹이 해변의 가장 끝에 있는 타베르나에서 저녁을 먹고 있었다. 모두 고요한 밤에 시끄럽게 하지 않으려고 낮은 목소리로 이야기하고 있었다. 모두가 이 독특한 해변의 풍경과 너무 잘 어울렸다.

우리는 산책을 하면서 수많은 별이 반짝이는 별빛 아래서 이야기를 나누었다. 아이 적에 나를 마법의 세계로 데려다준 이 이야기들을 기억한다. 딸들은 실제로 숨죽이고 들으면서 단 한마디도 놓치지 않았다.

우리가 함께할 수 있었던 것은 매력적인 바다의 냄새와 부드럽게 부서지는 파도 소리 때문이었다. 돌아오는 길에 우리는 멋진 비치 파라솔에 앉아 딸들이 좋아하는 버진 칵테일을 주문했다. 나도 물론 마셨고, 두 개의 갑판 의자에 우리 셋은 끼어 앉았다. 이야기는 계속되었고 우리는 비밀스런 계획과 꿈에 대한 이야기도 나누었다.

그날 저녁 같은 시간이 당신은 절대 끝나지 않기를 바랄 것이다. 당신이 결코 잊지 못할 저녁 시간. 이대로 당신 인생의 종말이 온다 해도 상관할 것 같지 않은 그런 시간. 그것은 절대 과장이 아니다.

우리는 피곤해져서 호텔 방으로 돌아왔지만 행복했다. 우리는 왕과 마법사 이야기를 읽었고, 그리고 거의 동시에 잠들었다.

꿈속의 저녁 시간,
낙원에서의 저녁 시간이었다.

그 바닷가의 집이 우리에게 마법을 건 것 같았다. 파라다이스 길 70번지 그 바닷가의 집 말이다.

티브이를 끄다

나는 언제나 운이 좋았다. 나 자신의 배터리를 재충전하고 영감을 받기에 좋을 것 같아 보이는 아테네 교외 불리아그매니의 아담한 아파트로 이사한 것은 2001년이었다. 그곳은 조용하고 바다가 보였다.

케이블 티브이 구독 기간이 끝나가고 다시 갱신해야 할 때가 되었다. 내면의 무언가가 내게 구독을 갱신하지 말라고 하는 소리를 들었다.

내 생애 처음으로 나는 영구적이며, 거슬리게 하는, 심지어 허락도 없이 같이 살고 있던 룸메이트인 티브이 없이 혼자가 되었다.

내 생애 처음으로 아침에 눈뜨면 제일 먼저 집어 들고 밤에는 맨 나중에 내려놓는 리모컨을 없앴다. 머릿속이 고요해졌다. 나는 내가 찾던 해결책을 발견했다. 그것들은 모두 나의 내면에 있었다.

내 문제를 해결할 수 있는 열쇠들은 혼자서 내 방문을 두드리고 있었지만, 그 시끄러운 티브이 소리 때문에 들을 수나 있었겠는가?

초등학교 이후 처음으로 나는 자유로운 시간을 가진다는 것이 무엇인지 기억해내게 되었다. 사람들은 여가 시간이 없다고 불평하지만 그건 거짓말이다. 여유가 있는데도 하루의 끝에서 그것을 던져 버릴 뿐이다.

지금은 집에 오면 급하게 자리 잡고 있어야 할 일이 없다. 그래서 나는 산책하러 나간다. 오랜 친구에게 전화를 건다. 내 생각을 적거나, 그렇지 않으면 생각을 하며 앉아 있곤 한다. 나는, 내 삶의 주인공이 다시 된 것이다.

평균적으로 사람들은 하루에 4시간 정도 티브이를 본다고 한다. 그중에서도 가장 나쁜 것은, 그 티브이 보는 시간을 여유 시간이라 생각하는 것이다. 끝없이 티브이를 보는 것은 수백만 달러가

드는 것인데, 당신이 내야 하는 그 수백만 달러어치의 비용은 바로 당신의 꿈, 계획, 영감, 그리고 바로 당신의 삶이다.

80세가 된 어느 날 당신은 도대체 그 수백만 달러가 어디로 갔는가 궁금해하며 잠에서 깨어나게 될 것이다. 당신은 그것을 날려버렸고, 심지어 당신은 당신이 그것을 날려버렸다는 것조차 깨닫지 못하는 것이다. 그래놓고 이제 와서 찾지만, 그때는 이미 너무 늦었다.

티브이 보는 것을 끊고 나서 나는 1만 시간 이상을 벌었다. 날짜로 계산한다면 1년에 1,500시간 이상을 벌었다. 1만 시간이면 그 날짜는 6년을 꽉 채우는 시간이다. 단단한 순금 같은 6년 말이다.

만약 내 제안이 너무 지나치다 싶으면 간단히 당신이 티브이 보는 시간을 제한하라. 하루 1시간씩만 티브이를 덜 보더라도 1년이면 365시간을 벌게 된다. 365시간은 9주를 근무하는 시간이다. 대부분의 사람에게 1년이 12개월이라면 당신은 14개월을 가지는 것이 된다.

그 두 달은 당신과 당신의 꿈을 위한 선물이다. 그리스에 컬러 티브이가 출시됐던 때를 기억한다. 그 무렵, 결코 잊을 수 없는 메시지가 담긴 낙서를 우연히 봤던 것을 기억한다.

컬러 티브이.
흑과 백의 인생.

누구의 생각인지 모르지만, 시대를 앞서간 생각이었다.

당신은 누구야?

1870년 테네시에서 일어났던 이 이야기는 감동적이고 진실된 이야기다. 벤Ben Walter Hooper, 1870-1957은 아버지를 만나 본 적이 없었다. 그 당시에는 혼외 자식으로 태어난다는 것은 용서받을 수 없는 죄로 간주되었고 그 아이는 사생아로 낙인찍혔다. 자비라고는 없는 사회였다.

벤이 세 살이 될 때부터 사람들은 네 아버지가 누구냐고 물었고, 벤은 수치스러워 고개를 떨어뜨렸다. 다른 아이들은 그와 놀아주지 않았고, 다른 아이의 엄마들은 벤이 나병 환자라도 되는 듯 자기 아이들을 그와 놀지 못하게 했다. 벤이 나이가 들수록 나쁜 일은 더 많이 생겼다.

학교는 현실 속의 지옥이었다. 쉬는 시간에 벤은 혼자 놀아야 했다. 점심시간에도 혼자 앉아있어야 했다. 그러나 주말은 더 나빴다. 벤이 엄마와 함께 식품점에 가면 어른이나 아이나 같은 질문을 했다.

"그래, 대체 네 아빠는 누구야?"

그럴 때면 벤은 고개를 더욱 숙여야 했다.

교회에서 그는 난처한 질문을 피하려고 맨 먼저 들어가고 맨 나중에 나왔다. 그는 자신이 너무나 하찮은 존재라고 느꼈다.

가끔 그는 차라리 태어나지 않았으면 하고 바랐다. 벤이 8살 때 교회에 새 목사가 부임해왔다. 그는 성격이 밝고 친절하고 세련되면서도 너그러운 하나님의 사람이었다.

어느 일요일, 아침 예배가 조금 일찍 끝나서 벤이 슬그머니 교회를 빠져나가기 전에 목사가 벤 옆에 왔다. 그는 벤도, 신자들도 깜짝 놀라도록 벤의 어깨 위에 부드럽게 손을 얹고 큰 소리로 벤에게 질문했다.

"오늘 제대로 끝장을 내자. 벤, 아버지가 누구지?"

좌중이 너무 조용해서 핀 떨어지는 소리도 들릴 것 같았다. 벤은 울기 일보 직전이었다.

"잠깐만!"

목사는 흥분된 목소리로 외쳤다.

"나는 네 아버지가 누군지 안다! 하나님이 너의 아버지시다! 그리고 그것이 바로 네가 얼마나 축복받았는가 하는 이유다! 아들아, 너는 위대한 유산을 받았단다. 가서 위대한 일을 하거라!"라고 벤에게 말했다.

벤은 미소지었다. 그의 눈에서는 기쁨의 눈물이 흘러내렸다. 그의 인생에서 그가 중요한 존재가 되는 처음의 사건이었다. 그 일이 있고 난 이후로는 누구도 그에게 아버지가 누구냐는 질문을 하는 사람이 없었다. 처음으로 벤은 그가 누구인가에 대해 긍지를 갖게 되었고, 실제로 자신이 자랑스러웠으며, 진실로 나아가 위대한 일을 하게 되었다. 벤은 두 번이나 테네시주의 주지사로 일했다. 그는 전 미국의 역사상 가장 성공적인 주지사 중의 한 사람으로 기억되었다.

벤은 간단하게 자신의 정체성을 바꾸었다. 그는 더 이상 사생아가 아니었다. 한순간에 그는 신의 아들이 되었다. 그는 그가 꿈꾸어오던 바로 그 사람이 되었던 것이다. 진실로 온 마음을 다해 원하면 당신의 정체성을 바꾸는 것은 한순간의 일이다. 다시 태어나는 것은 순식간이면 충분한 일이다.

위대한 사람 중에는 고통스러운 유년기를 거친 사람들이 있다. 그들은 두들겨 맞고 강간당하고, 술주정뱅이와 매춘부의 손에서 길러졌다. 그러나 인생의 어떤 시점에서 장엄한 순간은 그들에게도 왔다. 그들이 다시 태어났던 순간, 구역질 나는 과거가 지겨워서 새로운 것을 받아들인 그 순간 말이다.

그리고 그들은 이 새로운 것을 기르고 근면하게 자신을 돌보았다. 그리하여 그들은 우리 모두가 아는 사람이 되었다.

당신은 어떤가? 당신은 누구인가? 당신은 당신이 모든 사람에게 이야기하는 그 슬픈 사연의 주인공이 될 수 있는가? 당신이 원하는 공부를 할 수 없었던 사람인가? 형편없는 부모를 가졌던 사람인가? 불경기로 타격을 입었는가? 직업이 마음에 들지 않는가? 꿈이 짓밟혔는가? 당신에게도 당신이 꿈꾸던 사람이 될 순간이 도래할 수나 있겠는가? 다시 태어날 그 순간이 올 수나 있겠는가?

그래서 나는 친구와 함께 있으며 자기 인식 수업을 만들어 우리나라의 모든 학교에 소개하려는 내 꿈을 친구에게 이야기하고 있다.

"이봐."

친구는 미심쩍다는 듯 나를 쳐다보며 "넌 우리가 세상을 바꿀 거라고 생각하나?" 하고 물었다.

"그렇고말고 이 친구야! 우린 세상을 바꿀 거야. 그래, *우리가 바꾸지 않는다면, 누가 할 수 있지?*"

기적의 노트

나는 지금 말하고자 하는 것에 대해 객관적일 수 없다. 나를 구해준 무언가에 대해 어떻게 객관적인 시선을 가질 수 있겠는가? 일기 쓰기가 내 인생을 바꾸었다. 나는 지난 10년 동안 경건하게 일기를 써 왔다.

그것은 기쁨과 감사의 명세서라고 말할 수 있다. 그래서 나는 괜찮은 노트를 하나 사서 매일 내게 일어난 아름다운 일들을 적기 시작했다.

처음에는 좀 어려웠다. 노트를 펴면 두 명의 내가 마주 보고 있는 것같이 이상하게 느껴졌다. 그것은 맞선을 보는 것 같은 어색함이었는데, 나는 도대체 무슨 말을 해야 할지 몰랐다.

점차 나는 나 자신을 열어나가기 시작했다. 나는 아름다운 일출에 관해 썼고, 좋은 대화에 관해 쓰기 시작했다. 낙서도 하고, 아무튼 무언가를 종이 위에 쓰기 시작했다.

테니스를 쳐본 적 있는가? 만약 계속해서 테니스를 친다면, 매일매일 조금씩 실력이 향상되듯, 일기를 쓰는 일도 꼭 그와 같다. 일기 쓰는 일을 놓지 않고 꾸준히 하니 천천히 나아지면서 나는 매일 조금씩이나마 더 쓸 수 있었다. 그리고 인생이, 내가 몰랐던, 얼마나 셀 수 없이 많은 아름다운 것들을 주는지를 알기 시작했다.

그 아름다운 것들은 언제나 거기에 있었다! 내가 그곳에 없었기 때문에 몰랐던 것뿐이다. 기적의 노트는 나의 카메라가 되었다. 나는 언제나 노트를 가지고 다니면서 순간순간들을 스냅 사진 찍듯이 기록했고, 인화했다. 가장 기쁠 때는 내가 그 순간들을 '앨범' 속에 끼워 넣을 때였다. 하나씩 하나씩, 하루의 마지막에. 그것은 순수한 마법이었다.

나는 내 스스로에게 과제를 주기 시작했다. 감사한 일 스무 가지를 쓰겠다고 약속하고, 스무 가지를 썼다. 이런 것들. 침대에서 일어나면 내 다리가 나를 지탱해주는 것, 뜨거운 물로 샤워를 즐길 수 있는 것, 힘든 하루를 보낸 나를 기다려주는 따뜻한 침대가 있다는 것. 그리고 내 삶은 바뀌었다. 말하자면, 나 자신이 바뀌었다.

나는 아름다움을 보았다.
사실 나는 그 아름다움에 깜짝 놀랐다.

내 삶은 여전히 그대로였지만 삶을 대하는 나의 자세가 굉장히 바뀌었다. 그리고 내 삶 자체가 굉장해져 버렸다.

그때부터 나는 수없이 많은 노트에다 글을 가득 채웠다. 그것을 책장 위에 올려두고 가끔 다시 꺼내 읽곤 한다. 2번째 라운드를 즐기듯 그것을 읽는 것이다.

그것을 의식적 기쁨이라고 부르면 어떨까. 그렇다. 배달원이 벨을 누르고 내게 음식을 배달해주기를 기다리는 대신 내가 프라이팬을 꺼내어 나 자신을 위해 요리를 하는 그런 기쁨이니까.

내가 원할 때, 두 손으로 직접 만드는 기쁨 말이다. 나는 그것을 집에서 만든 기쁨이라고 부르고 싶다. 세상 어떤 기쁨의 요리보다 가장 맛있는 요리 말이다.

오늘 아침 나는 물 한 병을 사기 위해 길모퉁이 가게에 들렀다.

냉장고를 여니 얼음—굉장히 더운 날 당신이 있고 싶은 곳—처럼 찼다. 계산대 점원에게 돈을 지불하며 말했다.

"이 더운 날 정말 아름답다고밖에 말할 수 없는 물을 가지고 계시는 군요, 당신은."

"선생님 덕분에 오늘 하루 즐겁겠습니다."라고 계산대 점원은 미소 띤 얼굴로 대답했다.

"저는 당신 덕분에 즐거울 거고요."

야아! 나는 이 일도 노트에 적을 것이다.

아토스산 수도원에서의 주말

나는 그렇게 종교적이지는 않지만, 신을 믿는다. 나 혼자만의 방식대로. 지난 15년간 나는 매해 봄마다 성지 주일이면 친구들과 그리스 북쪽 스무 군데 수도원의 본고장인 아토스산거룩한 산이라고 알려져 있으로 피정을 하러 가곤 했다.

그것은 우리에게는 오랫동안 해 왔던 일이고 서로 만날 수 있는 기회이기도 했다. 또한, 며칠만이라도 일상의 부질없는 경쟁에서 탈출하는 방법이기도 했으며, 신에 대한 경의의 표시였고, 시간을 즐기는 방편이기도 했다.

수도원을 방문하려면 방문 며칠 전에 순례자 사무소에 연락해서 예약해야 한다. 아토스산으로 가는 '문'이라고 할 수 있는 쿠란누폴리 마을에 도착하면 작은 비용을 내고 여행자 허가증을 받는다. 그다음 아주 시간을 잘 지키는 작은 페리호나 쾌속정을 타고 수도원 공동체로 이동한다. 수도원에 도착하면 알콘다리키 환영소에서 방명록에 서명하고, 거기서 알콘다리스환영소 수도사들이나, 따뜻한 커피만큼이나 푸근한 미소의 수도사들로부터, 긴 여행 후라서 더 맛있는 터키 요리로 환영을 받는다.

아토스산은 모든 행사의 중심지이다. 수도사들은 벌처럼 열심히 분주하게 일한다. 그들은 말을 많이 하지 않을 뿐만 아니라 불평하는 적이 없다. 건물들은 오로지 자연산 재료로 만들어졌지만, 수도원과 그 주변은 해가 다르게 개발되고 있다. 어디를 가든 수도사들이 작업장에서 일하는 것을 볼 수 있다. 그들이 요리하고, 청소하고, 밭을 갈고, 건물을 지으며 열심히 일하는 것을 볼 수 있다. 그들이 진실하게 일하는 모습을 보는 것은 즐거운 일이다.

수도사들은 자연을 존중하고 자연에 경의를 보낸다. 버리는 것이 없다. 순례자들이 다 못 먹은 것은 수도사들이 다 먹는다. 그리고 수도사들이 다 못 먹은 것은 가축들이 먹는다. 어떤 수도원이든 개와 고양이가 있는데, 그 짐승들도 이곳에서는 조용하고 조화롭게 산다.

마지막으로 남는 음식은 퇴비로 쓴다. 재활용할 수 있는 것이면 어떤 것이든 재활용된다. 어떤 쓰레기는 특별한 가마에서 태워지는데, 그렇게 해서 쓰레기의 용적을 최소화하는 것이다. 바닥에는 물론 쓰레기 부스러기도 하나 보이지 않는다.

수도사들과 순례자들이 먹는 것은 모두 수도원 내에서 키운 것이다. 그들은 절대적으로 필요한 것만 산다. 수도사들은 자연에의 경외심과 사랑으로 땅을 경작한다. 음식과 와인의 맛은 기가 막히게 좋다.

저녁 식사 시간은 경건하다. 마지막 수도사나 순례자가 식탁에 앉을 때까지는 아무도 식사를 시작하지 않는다. 한 사람도 빠짐없이 다 식탁에 앉고 나면 이제 식사를 시작해도 된다는 작은 징 소리가 들린다. 우리는 먹는 데 집중한다. 아무도 텔레비전을 보지 않는다. 태블릿으로 게임을 하지도 않고 핸드폰의 메시지를 체크하지도 않고 경건하게 먹는다.

우리는 창조주에게 영광을 돌린다. 식사가 끝났음을 알리는 징이 울리면 우리는 질서 정연히 식당을 나간다. 식당 출구에는 수도원장이 우리를 축복해주기 위해 기다리고 있다. 수도원장은 언제나 맨 마지막에 나간다.

단식은 이곳 삶의 한 방식인데, 40일간의 사순절부활절을 앞두고 그리스도의 수난과 죽음을 기억하기 위해 금식과 절제, 회개의 시간을 40일간 지키는 교회력의 절기에만 하도록 제한되어 있지는 않다. 그것은 자연과 당신의 동료, 무엇보다 당신 자신을 존중하는 마음으로 사람들이 얼마나 소비하면서 사는가를 측정해보는 것이다.

여기서는 단지 예수 그리스도의 수난만 생각하는 것은 아니다. 우리 모두의 수난을 생각해본다. 우리의 수난과 병고는 우리의 죄를 상징하지만, 그와 함께 이해하기 어려운 운명, 우리의 실패와 실수를 상징하기도 한다.

우리는 모두 실수하고 실수할 권리도 가지고 있다. 우리의 실수는 우리의 경험이기도 하다. 이곳 아토스산에서 우리는 그런 것을 부끄러워하지 않는다. 바닥 깔개 밑으로 쓸어 넣어버리지 않는다.

오히려 우리는 우리의 수난과 운명의 난해함, 실패와 실수를 빛 속에 드러낸다. 두 번째의 기회가 있는 이유가 이 때문이다. 바로 고백 성사가 그것이다. 고백 성사는 당신이 한 일을 깨닫게 해주며, 그것이 무엇인지를 인지할 수 있도록 도와준다. 그것들을 꺼낸다는 것은 당신이 정직해진다는 말이다. 무엇보다 스스로에게 정직해진다는 뜻이다. 그리고 당신은 가장 비밀스런 일들을 현자와 나눈다. 그 현자를 여기서는 영적 지도자라고 하는데, 그는 귀중하고 진심 어린 조언을 당신에게 해 준다.

그러고 나면 당신은 일어서서 당신 두 발로 다시 서게 된다. 당신은 다시 태어난 사람처럼 강해진다. 사물을 다른 관점에서보다 긍정적으로 보게 될 것이다. 여기서 말하는 것은 이렇다.

> 만약 당신이 일곱 번 넘어진다면 여덟 번 일어나라.
> 아토스산에서는 그것을 부활이라고 부른다.

어느 날 나는 아토스산의 선물 가게에 친구들을 위한 기념품을 사러 갔다. 수도사 대신 수도원장이 계산대 앞에 선 것을 보았다. 그리스의 정치 지도자들은 물론이고 전 세계 사람들이 보러오는 사람이 바로 이 사람이다. 나는 수도원장이 여기에 왜 계시는가 하고 물었다. 그는 그리스도처럼 인자한 눈빛으로 나를 보며 대답했다.

"우리 수도원의 바쁜 사제들을 돕기 위해서지요, 형제님." 하고 그가 대답했다.

내게는 그야말로 진정한 리더로 보였다. 진정한 힘을 가진 사람.

옥수수가 전하는 말

그녀의 이름은 소피아다. 그녀는 유치원 교사다. 그녀는 페이스북을 통해 나를 알았고, 우리는 한 번 만나기로 했다. 그녀와 만나서 나는 준비하고 있는 학생들을 위한 자기 인식 수업에 관한 이야기를 나누었다. 그녀는 명랑하고 품위 있는, 자신의 제자들에게 헌신적인 젊은 여선생이었다. 우리는 '궁극적으로 우리의 삶을 결정하는 것은 우리 자신인가? 운명인가?'라는 꽤나 까다로운 논제에 관해 이야기할 때까지는 모든 것에 서로 동의했다.

"나는 인터뷰에 내 모든 것을 쏟아부었답니다, 스테파노. 그런데 그들은 나를 고용하지 않더군요. 운이 없었죠." 하고 그녀가 말했다.

"소피아, 당신은 할 수 있는 모든 것을 다 했단 말이죠?"

"네 그랬어요."

"그러면 만약 그렇게 계속할 수 있다면 똑같은 방식으로 할 겁니까?"

"글쎄요, 아마도 X표를 했겠죠."

"좋아요."

"글쎄, 아마도 예스했을 수도 있어요."

"그것도 좋군요."

"그래서, 만약 다시 한다면, 다른 방식으로 할 건가요?"

"아마도⋯."

지금 당신이 할 수 있는 것이면 어떤 것이라도 하라. 그렇게 해도 어떤 것은 당신 생각대로 되지 않을 것이다. 적어도 지금 이 순간에는 그것은 옳지 않아 보일 것이다. 그러나 만약 당신이 가진 모든 것을 지금 쏟아붓는다면 내일은 성공할 수 있을지도 모른다. 주어진 때에 바로 그 최선을 다하라.

그것이 바로 당신이 오늘보다 내일을 더 많이 알아야 하는 이유다. 배움을 멈추지 말라. 그리고 기회를 잡아라. 지식과 실천으로 무장하면, 당신은 당신의 운명을 결정할 수 있을 것이다.

세 남자가 있었다. 그들은 각자 옥수수 1개씩을 받았다. 첫 번째 남자는 그 옥수수를 먹고 배가 불렀다. 두 번째 남자는 옥수수

낱알들을 심어서 10그루의 옥수수가 자랐다. 그에게는 열흘 동안 충분히 먹을 수 있는 옥수수가 생겼다. 세 번째 남자도 낱알들을 심어서 10그루의 옥수숫대가 자랐다. 그러나 이 세 번째 남자는 수확한 옥수수 중 1개만 먹고 다른 9그루의 옥수숫대에서 나오는 낱알들을 심어 90그루의 옥수숫대가 자랐다. 그는 다시 수확한 것 중 1개만 먹고 다른 1개는 친구에게 주었다. 이 남자는 나누는 것이 아름다운 일이란 것을 알았기 때문이다. 자기가 먹은 것 1개와 친구에게 준 1개의 옥수수를 빼고 남은 88개의 옥수수에서 나온 낱알을 심어 그는 880그루의 옥수숫대를 키웠고 그런 식으로 계속 옥수수를 키웠다. 오늘 그는 마을의 절반을 소유하게 되었고, 마을 사람들의 절반이 그를 위해 일한다.

결국 삶은 당신에게 일어나는 어떤 일이 아니라,
삶이 당신에게 준 것으로 당신이 무엇을 하느냐는 것이다.

더 많은 지식을 가진다는 것은 더 나은 선택권을 가진다는 말이다. 그 더 나은 선택권이란 더 나은 결과를 뜻하며, 더 나은 결과는 더 나은 삶을 뜻한다. 바로 그것이 당신이 원하는 것이리라. 그러나 더 나은 선택권을 만들기 위해서는 반드시 배워야 한다. 간단히 말하면, 배움을 멈추지 말라는 것이다.

죽을 때까지 계속 배우라.

요가 강사

매주 수요일 아침에는 요가를 한다. 뭔가를 성취하고 싶을 때, 나는 계획부터 세운다. 그러지 않으면 성취란 결코 생기지 않는다. 건강 문제 때문에 나는 요가 수업을 들었고 지난 20년간 요가를 해오고 있다. 어떤 일이든 세상의 일들은 보통 그런 식으로 진행된다. 대부분 가치 있는 선물들은 리본이 달린 예쁜 포장지에 싸서 배달되지 않는다. 귀중한 선물들이 가끔 쓰레기 속에 처박혀버리고 마는 이유다.

요가 수련은 수천 년 동안 있어 온 것이다. 그것은 당신 존재를 고요하게 만들고 땅에 발을 딛게 만들고 당신의 정신을 고양하고 긴장을 풀게 한다.

요가 수업 때마다 우리는 뭔가를 배운다. 오늘 요가 교실에서 내 옆의 숙녀는 어떤 요가 자세를 바르게 하지 않았다. 강사가 뭐라고 지적하지 않을까 싶었지만, 나는 요가 강사가 별 반응이 없는 사람이라고 생각했다. 내가 맞았다. 그녀는 간섭하지 않는 쪽을 선택했는데, 그럼으로써 내 옆의 숙녀가 스스로 자세를 교정하도록 했다. 그녀는 스스로 자세를 교정했다. 수업의 마지막에 우리는 그것에 관해 이야기했다.

우리는 언제나 무언가에 대해 이러쿵저러쿵 이야기하기를 좋아하는데, 사실 그때가 바로 진짜 인생 수업이 시작되는 때다. 요가 강사는 우리에게 교정이란 권장할 만한 것이 아니란 것을 말해준다. 그녀는 현명하게도 "당신 실수하고 있어."라는 종류의 말을 하지 않았던 것이다. '실수'라는 말을 사용하는 것 자체가 실수라고 하는 것을 어딘가에서 들었다. 타인의 삶에 대한 어떤 종류의 교정이나 간섭도, 그녀가 결론짓기를, 그것은 폭력의 한 형태라는 것이다. 특별히 조언을 부탁받지 않았을 때는 더더욱 그렇다.

우리는 종종 타인의 삶에 끼어들어 간섭한다. 아이들, 부모님들, 그리고 직장 동료들 같은 사람들 말이다. 우리는 모든 것에 대해 나름의 의견을 가지고 있지만, 그 의견이란 것이 불충분한 정보를 바탕으로 하는 의견일 때가 대부분이다. 타인이 부탁하지도 않았는데 비평하고 해결책을 제시한다. 그것은 마치 당신이 식품점 앞을 지나가고 있을 뿐인데, 그 식품점 주인이 당신 팔에 바나나 한 봉지를 갖다 안기고는 돈을 내라는 것이나 마찬가지다.

하루의 끝에서 모든 사람은 그들 나름의 임무와 가치, 그리고 우선권이 있다. 그것은 바로 그들의 삶이다.

지금 말하려는 이 놀라운 경험은 몇 년 전에 겪은 것이다. 저녁 시간이었는데, 나는 택시를 타고 공항으로 가는 중이었다. 그때 나는 꽤 성공한 편이었고, 내 인생에서 가장 잘나가던 한 때였다. 택시 뒷자리에서 나는 호흡 운동을 하고 있었다. 점잖은 택시 운전사는 내가 그러든 말든 아무 간섭도 하지 않다가 "백미러로 당신이 숨을 들이쉬고 내쉬고 하는 걸 쭉 보고 있었소. 당신이 어떤 지경인지 누가 알겠소만, 참 안됐소….”라고 말했다. 물론 전혀 도움이 되지 않는 코멘트였다.

나는 웃음을 터뜨리고는 내가 뭘 하고 있었는지 설명했다. 급기야 우리는 둘 다 빵 터졌다. 심지어 지금도, 돌이켜 생각해보면, 웃지 않을 수 없다. 당신들 역시 어디에 있든 아무 일 없기를 바란다.

50유로의 값어치는 얼마일까?

딸들에게 명함을 만들어주겠노라 약속했다. 딸들이 9살, 6살 때의 일이다. 명함을 만들어주면 딸들이 친구들에게도 줄 수 있을 뿐 아니라 정체성이라는 것이 무엇인지, 목적을 가진다는 것이 무엇인지 배울 수 있으리라고 나는 생각했다.

우리는 그런 것들을 하기도 한다. 하나는 명함에 '체육 교사—운동선수'라고 넣고 싶어 했고, 하나는 '체육 교사—탐험가'라고 넣고 싶어 한다. 두 딸은 각자가 좋아하는 색, 하나는 검은색으로 만들어달라고 했고, 또 하나는 피스타치오 그린남유럽과 소아시아에서 자라는 옻나뭇과 나무인 피스타치오 열매 색인 황록색으로 1970년대 유행했다. 색으로 만들어 달라고 했다.

드디어 인쇄소에서 명함이 다 만들어졌다고 전화가 왔다. 찾으러 가서 보니 명함은 딸들이 상상했던 것 그대로 완벽했다.

명함값을 지불하기 위해 지갑을 꺼냈다. 인쇄업자가 말하기를 내가 100유로를 계약금으로 이미 냈다는 것이다. 나는 그녀에게 계약금 50유로를 줬다는 것을 분명히 기억하는데 말이다. 50유로는 적은 돈이 아니다. 그래서 처음에는 잠자코 있다가 다시 생각했다.

그깟 50유로에 팔아먹기에는 나는 너무 많은 일을 해 온 사람이었다.

"계약금으로 100유로가 아니라 50유로를 냈어요."

나는 거의 주장하다시피 말했다. 그녀는 장부를 체크해 보고는 내가 50유로를 냈다는 것을 확인했다. 내 정직함에 대해 그녀는 무척 놀랐고 내게 고맙다고 했다.

당신은 내가 50유로를 날려버린 것이라고 생각하는가? 물론 아니다. 나는 그것을 날려버리거나 써 버린 게 절대 아니다. 50유로를 나 자신을 위해 투자했고, 온전히 내 것인, 그래서 누구도 볼 수 없는 돼지 저금통에 넣었다. 이 돼지 저금통은 당신의 정체성이자 당신이 하고 있는 일 중에서 가장 값어치 있는 것이기 때문에 무엇보다 중요하다.

당신의 정체성은 당신이 자신을 어떤 사람이라 생각하는,
바로 그 사람이다. 그리고 당신이 된 그 사람은
당신이 생각하는 그 사람의 인생길을 항상 따라간다.

알고 있는가? 당신의 그림자처럼, 당신은 절대로 당신의 정체성을 벗어날 수는 없다는 것을. 그리고 마음속에서 멋지다, 라고 느끼는 것이 멋진 것이다—'멋지다'라는 것이 당신에게 무엇을 의미하든지 간에. 돈으로는 그 '멋진 느낌'을 살 수 없다. 이 멋진 느낌은 당신의 가장 왜곡되지 않은, 원초적인 꿈을 실현해 주는 감정이다.

자기 정체성은 중간에 서지 않는 급행열차다. 인쇄소를 나와서 나는 좀 걸었다. 나는 아무도 돈으로 살 수 없는 오로지 나 자신으로 걸었다. 자존감이라는 측면에서 과연 내가 정직하게 지불한 50유로의 가치는 얼마만 한 것일까? 나는 그것이 온 세상의 돈을 합친 것 보다, 아니 그것과는 비교할 수 없는 가치라고 생각한다.

좋은 말

나는 최근에 이사했다. 옛집의 청소부는 새집까지 와서 청소해줄 수가 없었다. 그래서 친구에게 누구를 좀 소개해 달라고 부탁했다.

"우리 집 청소하는 사람을 보낼게. 정말 일 잘해."

그가 말했다. 나는 친구가 소개한 그녀와 전화 통화를 했고, 그녀는 우리 집 청소를 해줄 수 있다고 했다. 우리는 약속 시간을 정했고, 그녀는 일을 시작했다. 처음 일을 하는 것을 보고 나는 그녀가 책임감 있고 철저하게 일을 하는 사람이라고 말할 수 있었다.

어디 갈 곳이 있어서 그녀가 청소를 하던 중에 집을 나섰다. 내가 돌아왔을 때는 그녀는 이미 청소를 마치고 간 후였다. 나는 그녀에게 어떤 것이 어디에 있었는지—청소에 필요한 물품들은 어디에 있으며 시트는 어디에 있는지와 같은 것들—다 가르쳐주지 않았지만 그녀는 혼자 찾아서 일했다.

집은 깔끔했다. 요정의 대모가 쓸고 요정 지팡이로 건드려 닦은 것처럼 깔끔했다. 감격스러울 정도였다. 옛날 같았으면 청소부가 자기 할 일을 한 것이라고, 그러려니 하고 그냥 지나갔을 것이다. 그런데 지금은 아니다. 나는 나누는 것을 배웠기 때문이다. 그녀에게 전화했다.

"여보세요, 발렌티나." 하고 전화했을 때 그녀는 내 목소리를 알아듣지 못했다.

"스테파노예요."

"뭐가 잘못되었나요?"

그녀가 근심스럽게 물었다.

"아뇨, 아뇨. 모든 게 다 좋습니다."

"근데 왜요?"

"청소를 너무 잘해 놓아서 고맙단 말을 하려고 전화했어요. 완벽해요."

나는 요정 대모 이야기까지 덧붙여 대답했다.

그녀는 잠시 아무 말이 없었다.

"그러니까⋯ 좋단 말씀이시죠?"

"좋은 정도가 아니라 너무 기뻐요!"

그녀는 어리벙벙해 하는 것 같았다. 아마 그녀는 이런 찬사를 들어보지 못했는지도 모른다. 내 입으로 말하기는 좀 쑥스럽지만, 아마 감동하였을 수도 있단 생각이 들었다.

"감사합니다."라고 말하고 난 후 그녀는 "정말 너무 감사합니다."라고 다시 한번 말했다.

나는 그녀의 미소가 전화기를 타고 오는 것을 느낄 수 있었다. 그녀도 즐거운 것이다. 우리는 다음 주에는 그녀가 무슨 요일에 올 것인가를 이야기했다.

좋은 말을 하라.
맨 먼저는 당신 자신에게, 그런 다음 다른 사람에게.
당신 자신도, 다른 사람들도 진정 좋은 말을 들을 필요가 있다.

좋은 말을 하는 것은 당신이 생각하는 것 이상으로 그들의 삶을 풍요롭게 한다. 이 세상을 더 나은 곳으로 만든다. 칭찬에 인색하지 말라. 그러면 더 많은 칭찬을 하게 될 것이고 기쁨은 나누어지게 될 것이다. 칭찬에 인색하지 말자는 마음이 언제나 당신 머리에서 떠나지 않게 하라.

사진을 좀 아는 친구가 있다. 그 친구에게 내가 찍은 사진 한

장을 보여주었다.

"와우 스테파노! 굉장한 사진이야!" 하고 그가 말했다.

나는 그런 말을 듣게 되어서 너무 자랑스러웠다. 자존감이 1인치는 더 자랐을 것이다.

"프레임도 정말 좋군, 여기를 잘라도 괜찮겠어."

"고마워, 닉."

"더 좋은 건, 얼굴 사진을 이렇게 찍을 수도 있구나 하는 발견이야."

"고마워, 닉."

그는 몇몇 의견을 더 덧붙였다.

"고마워, 닉."

그리고 마침내 마지막 의견을 밝혔다.

"이봐, 농담하나? 차라리 좍좍 찢어버리는 게 어때?"

나는 웃기 시작했다. 그 역시 웃기 시작했다. 그러나 나는 그에게 귀를 기울였다. 그는 언제든지 좋은 말로써 내가 인정받는다고 느끼게 해주기 때문이다.

돈을 감사하게 생각하라

　나는 돈으로는 별로 힘들지 않았던 편이다. 내 생애 처음으로 몇 푼의 현금을 벌어본 것은 다섯 살 때였다. 아빠가 선장으로 있던 배에 그림을 그리라고 했을 때였다. 그때 나는 내가 번 최초의 40달러를 돼지 저금통에 넣었다. 당신도 돈을 벌어보았으니 알겠지만, 나는 최초로 돈을 벌었던 그 느낌을 결코 잊지 못할 것이다.

　성장하면서 나는 언제나 돈을 존중하고 돈에 대해 감사했다. 그리고 내 딸들에게도 그렇게 가르쳤다. 딸들 역시 5살 때 처음으로 돈을 벌어보았다. 방과 후에 나는 가끔 딸들을 내 사무실로 데리고 가곤 했다. 딸들은 그림을 그리거나, 컴퓨터로 타이핑을 하거나, 뭔가를 프린트하거나, 종이를 분류하거나 뭐 그런 사소한 일들을 해주고 용돈을 벌었다.

딸들 역시 경리과에서 받은 그 첫 번째 영수증과 5유로를 아직도 가지고 있다. 그것을 받았을 때 딸들은 자부심으로 가득 찼다.

그리스에는 돈에 대한 많은 잘못된 생각들이 있다. 돈은 더럽고, 부자들은 비열한 인간들이라는 식의 잘못된 생각들. 만약 당신이 돈에 대한 그런 편견을 가지고 있다면 당신은 돈을 벌 수 없을 것이다. 돈을 친구라고 생각해보라. 그 친구가 당신이 자기한테 악담하는데도 당신 옆에 있겠는가.

> 돈은 에너지다. 그것은 좋고 나쁘고 그런 것이 아니다.
> 돈은 당신이 무엇이든 상관하지 않는다.

어디선가 들은 돈에 대한 황금률이다. 번 돈의 10퍼센트는 투자하라는 것이다. 그 10퍼센트는 결코 주머니로 들어가서는 안 되고 은행으로 바로 가서 입금하거나 선택한 투자 항목에 넣어야 한다는 것이다. 그리고 100이 아닌 90으로 살라는 것이다. 어떤 사람은 이렇게 말할 수도 있다. 나는 100을 벌지도 못하는데 어떻게 90으로 살라고? 그렇게 생각하기 시작하면 당신이 설사 200을 번다해도 결코 충분하다고 생각할 날이 없을 것이다. 투자하지 않으면 결국 다 쓰게 된다.

현명한 사람은 먼저 투자하고 나중에 쓴다. 돈 때문에 투덜대지 말라. 돈의 법칙에 대해 배우라. 돈을 가지고 놀아라. 가족들과 모노폴리 게임1903년 미국에서 시작된 놀이로 주사위를 굴려 놀이판 위를 이동하며 땅을 구입하고 임대료를 받는 놀이을 하라. 아이들도 그 게임에 참여시켜라. 돈이란 선택이다.

매년 크리스마스 휴가 전에 내 딸들은 직접 만든 크리스마스 카드를 팔아 자기들이 번 돈의 일부를 자선 단체에 보낸다. 내 친구는 종종 이것을 두고 애들이 일해야 하는 것도 옳지 않고 또 카드도 너무 비싸다는 식으로 비판한다. 그럴 때면 나는 그냥 웃고 만다. 그리고 다시 생각해보는 것이다. 만약 다섯 살 때 내가 처음으로 벌었던 그 40달러와 어렸을 때 자잘한 일들을 하고 벌었던 그 모든 잔돈이 아니었다면 내가 과연 어떻게 돈을 다루는 법을 배웠을 것인가를. 그러지 않았다면 나는 지금 당신이 읽고 있는 이 책도 쓰지 못했을 것이라 생각한다.

만약 당신이 돈에 대해 분별없는 생각을 갖고 있다면, 그것은 오늘이 아니라 어제 벌써 떨쳐 냈어야 하는 것이다.

세상의 모든 선물

내게도 아이들 때문에 사귀게 된 친구들이 있다. 그런 친구들과의 관계는 한 나무의 가지처럼 시작이 된다. 가지가 자라면 옮겨 심을 수 있게 되고 그 옮겨 심은 가지에서 싹이 트고 뿌리가 내린다. 그것은 나무로 자라고 때로는 가지를 잘라내 처음의 나무보다 더 키가 크게 되기도 한다. 그처럼 이제 당신과 당신 자녀 친구의 부모는 친구가 된다.

아이들을 같이 놀게 하려고—이것이 우리가 함께 할 수 있는 이유다—계획을 하게 된 것은 우리가 만나고 나서 좀 지난 후의 일이다. 아이의 엄마는 전화에 대고 불안한 목소리로 자기 일 이야기를 하기 시작했다. 나는 그 애 엄마에게 그런 소리 하지 말라고 단박에 막았다. 달리기를 하면서 좋은 음식을 먹을 수는 없는 법이다. 멋진 중국식 테이블에 앉아 훌륭한 식기에 담긴 좋은 음식을 즐겨야 하는 것이다. 즐거운 이야기를 서로 나누면서 말이다.

"거기 가서 이야기합시다." 하고 내가 말했다.

그들은 일요일에 왔다. 딸들은 놀려고 안으로 들어갔고 우리는 바로 문제의 핵심을 이야기했다. 내 친구는 아주 일을 잘하는 사람이다. 나는 그녀가 그런 행동을 하는 것을 본 적이 없었지만 나도 그러지 말았어야 했다. 설사 그들이 당신을 어떻게 쳐다보는가 하는 것과 같은 그런 작은 일에서도 당신은 그 사람들이 얼마나 좋은 사람인가를 알 수 있다.

이건 좀 사연이 길다. 간단히 말하자면, 내 친구는 대기업에서 일한다. 대기업은 그녀의 업무를 상당하게 평가하고 있고 그녀의 상사도 그녀의 기여도에 감사하고 있다. 그런데 어떤 이유로 중간 관리자가 그들 사이에 끼어들었다. 이 중간 관리자라는 사람은, 내 친구에 따르면, 자신만의 독특한 운영 방식을 가진 사람인데 결코 유연하지 못한 사람이었다.

얼마 안 가서 그들은 서로 부딪치게 되었다. 필연적으로 그 중간 관리자는 내 친구를 자기 조수처럼 부리려 했다. 그러니 내 친구는 자기편인 상사에게 중간 관리자에 대해 불평을 하게 된다. 세 사람이 만나 이야기하고 상사는 내 친구를 다시 지원 사격하게 되고 중간 관리자는 눈 밖에 나게 된다. 중요한 고객에게 프레젠테이션을 해야 하는 날짜는 다가오는데 그 중간 관리자는 내 친구 혼자서 프레젠테이션을 하도록 점심시간에 남겨두고 나가버렸다. 어쨌든 프레젠테이션은 아주 잘 진행되었다.

내 친구와 그녀의 남편은 대화 내내 열 받은 목소리로 흥분해서 덜덜거렸다. 지금은 일이 아주 힘들어졌고 그래서 그녀의 하루하루의 일과까지도 덩달아 힘들어졌다고 한다. 그러나 내가 듣고 이해한 이야기는 완전히 다른 이야기다. 그래서 나는 웃기 시작했다.

"정말 모르겠어요?"

"뭐가요?" 하고 그녀가 묻는데, 사실 일은 모두 해결된 셈이다.

"여보세요?! 그 중간 관리자 녀석은 지금 당신 자리를 따뜻하게 준비하고 있단 말입니다. 내가 말해 줄 수 있는 건, 얼마 안 있으면 그 중간 관리자는 역사에서 사라지고 그 포지션이 당신 것이 될 거란 겁니다. 보통 승진이라고 하죠. 새 고객은 당신한테 프로젝트를 맡아달라고 하겠지요. 만약 중간 관리자가 그 프레젠테이션 건에서 손을 안 뗐다면 당신이 그 프레젠테이션을 할 수 있었겠어요?"

"아니요." 친구는 약간 어리둥절해서 대답한다.

"그에게 꽃이라도 꼭 보내세요."

그녀는 잠깐 생각에 잠겼다. 그리고 내 쪽으로 돌아서며 웃었다.

"난 한 번도 그런 식으로 생각해 본 적이 없어요."

"그럼 그게 뭔가요?"

당신은 그게 뭐라고 생각하나. 인생이 당신이 생각하는 것과 같지 않다고 해서 그게 뭐냐고 묻는 건가? 선물이 리본으로 묶인 예쁜 상자 속에 있지 않다면 그게 선물이 아니라고 하는가? 선물이 고통과 함께 온다면 그게 선물이냐고 불평하는가? 물론 들장미를 꺾으려다가 가시에 찔릴 수도 있다. 하지만 향기로운 꽃을 보상으로 받는다.

우리는 가끔 삶의 물결을 거슬러 헤엄치기도 한다. 물길은 우리를 강 하류로 밀어 내리는데 우리는 상류로 거슬러 올라가는 것이다. 탈진하고 신물이 나고 그러다 마침내 잃는다. 그런데 아이러니하게도 당신은 거슬러 가려 한다는 것이다. 모든 것은 아래로 흘러간다. 가끔은 물길을 그냥 따라만 가는 것이 당신이 할 일이다.

인생은 만만찮다. 그러나 단순한 것이다.
만약 당신이 그 법칙을 이해한다면, 삶은 좀 더 수월해질 것이다.

인생은 바로 그만큼 단순한 것이다.

인생으로 가는 야외 여행

딸들과 내게는 아주 작지만, 일종의 의식 같은 것이 있다. 딸들에게 그 의식을 바꾸라고 하는 것보다는 10톤짜리 바위를 옮기기가 더 쉬울 것 같다.

매주 금요일 아침에는 나는 딸들을 학교로 데려다준다. 딸들은 그 일을 소풍간다고 표현한다. 이 금요일 아침의 소풍에는 모든 게 다 있다. 웃고, 서로 지분거리며 장난도 치고, 노래도 부른다. 소풍 가는 날은 여행에 나서는 설렘으로 가득 차 있다.

학교로 가는 우리 소풍의 전형적인 것이라면 이런 것이다. 딸들이 좋아하는 빵집에 들러서 달콤한 빵을 산다. 딸들은 서로 누가 먼저 도착하느냐 내기하며 달린다.

매번 딸들은 새로운 것을 찾는다. 그리고는 교회를 지나간다. 거기에는 길 잃은 고양이가 있고 교회 마당에는 비둘기들이 있다. 딸들은 고양이들에게 서로 싸우지 말고 행복하라고 반드시 똑같은 양의 빵 조각을 나눠준다. 고양이를 만져주고는 이전에는 이런 일이 전혀 없었다는 것처럼 놀랍고 기쁜 얼굴로 나를 뒤돌아본다.

그리고는 던져준 빵 부스러기 때문에 자기들 주위를 퍼드덕거리며 날아다니는 비둘기들과 논다. 그다음에 딸들은 교회 안으로 들어가 초에 불을 켠다. 딸들은 꼭 레고 블록 놀이를 하는 것처럼 모든 초를 정렬시킨다. 가끔은 따뜻하게 녹은 초들을 뭉쳐서 하나의 큰 초로 만들기도 한다. 딸들이 예수님상에 입을 맞출 때도, 눈을 감고 기도를 하면서도, 지워지지 않는 페인트로 칠해진 듯한 그 웃음을 언제나 얼굴에 띠고 있다.

그다음에는 차로 급히 뛰어 돌아온다. 돌아와서는 더 많이 킥킥대고 더 많이 장난을 치면서 소풍 모드로 돌아간다. 학교 운동장에 차를 대자마자, 딸들은 가방 뺏기 놀이라도 하는 것처럼 학교 가방을 내 팔에 던져 넣으며 내게 먼저 차에서 내리라고 한다. 말할 필요도 없이 교실로 달리기 경주를 하듯 뛴다.

이번 여름휴가 때 우리는 거대한 수영장이 있는 호텔에서 묵었다.

수영장은 수심이 얕은 언저리에서 갑자기 깊어지는 구조였다. 그래서 딸들은 얕은 곳에서 수다를 떨다가 갑자기 가파른 융기 아래로 미끄러져 들어가며 물속으로 가라앉곤 했다. 아마 딸들은 100번 이상 이런 놀이를 했을 것이다. 지치지도 않고 끝없이 행복해하며.

아이들이란 무엇을 하든지 간에 놀이를 하는 존재다. 아이들은 웃으며 어떤 일도 그들에게 재미없는 게 없는 존재다. 어떤 일이라도 재미있게 만들려고 웃는 존재다. 아이들은 하루 평균 300회 이상을 웃는다고 한다. 어른들은 15회 정도 웃는다고 한다.

우리는 자라는 것이지 늙는 것이 아니다.
우리가 늙은 것은 웃음을 멈추었기 때문이다.

아이들은 인생을 즐긴다.
아이들은 즐기는 것의 의미를 발견한다.
아이들은 단순히 존재하는 존재가 아니다.
아이들은 삶이라는 곳으로 소풍을 하러 가는 존재다.
매일매일.

플라스틱 병

언젠가 커피 테이블 위에 물이 조금 들어 있는 플라스틱병을 올려 둔 게 틀림없다. 좌우간 어떤 이유인지 모르지만, 나는 그것을 치우지 않았다. 게을러서거나 이유 없이 그냥 두었을 것이다.

어느 날 아침 마침내 그것을 치웠다. 다시 말하지만 아무런 이유도 없이 나는 그 병에 남은 물을 꽃병에다 붓고는 재활용 수집 통에 그 병을 휙 던져버렸다. 그런데 나는 그날을 결코 잊지 못했다.

그날은 어떤 과장도 없이 내 인생에서 가장 성공적인 날들 가운데 하루였다. 내가 어디에 마음을 두고 있었건, 무슨 일이 일어났건, 내가 무엇을 염두에 두었건, 그날은 성취의 날이었다. 그날 나는 아마도 내가 보낼 수 있는 가장 강력한 메시지를 나 자신에게 보냈다. 나는 내 인생을, 결코 행운에 맡긴 것이 아니라 스스로 결정했다.

나는 내 인생을 내가 조종한다. 내 인생은 내 것이니까. 나는 내가 내 인생을 살지, 내 인생이 나를 살도록 버려두지 않는다. 내가 지금 이야기하려는 것은 실제 있었던 일이다.

수천 명의 사람에게 강연을 했던 유명한 강사 이야기다. 강연 중에 이 강사는 100달러짜리 지폐를 흔들면서 청중에게 묻는다.

"이 돈, 원하십니까?"

많은 사람이 손을 든다. 그가 다시 묻는다.

"이 돈 원하시냐고요."

처음에 손을 들지 않았던 사람들도 손을 든다. 세 번째로 그가 묻자, 한 관객이 일어나 무대로 올라가 강사의 손에서 100달러짜리 지폐를 뺏어 든다. 그래, 이게 액션이란 거다. 강사는 다른 사람들에게 당신들은 왜 이리로 올라와서 지폐를 낚아채지 않느냐고 묻는다. 핑계 없는 무덤이 없듯이, 그들에게도 다 이유가 있다. 어떤 이는 무대에서 너무 먼 곳에 앉아있기 때문이고, 어떤 사람은 무대까지 나오려면 옆자리에 앉은 사람에게 길을 비켜 달라고 해야 하기 때문이고, 어떤 사람은 부끄럼이 너무 많아서 못 나간다고 할 수 있다. 우리에게는 행동하지 못할 완벽한 핑계가 모두 있다. 더 배운 사람이면 더 배운 사람일수록 그들의 핑계는 더욱 합리적이다.

행동하는 것이란 당신이 두려움과 지겨움에도 불구하고 하는 것이다. 행동은 당신이 하지 않으면 안 될 때 그 누구도 아닌 당신 자신에 항거하는 것이다. 행동은 명백하게 보이는 것이지, 구구한 말이 아니다. 말 그대로 행동하는 것이다. 행동은 말하는 것이 더 쉬울 때 당신 입을 처닫게 하는 것이다. 행동은 일찍 일어나서 당신의 하루를 준비하는 것이고, 당신이 '이곳에서 나는 당연히 이 정도는 벌어야 해', 라고 생각하는 만큼 벌지 못할 때도 당신의 일에 최선을 다하는 것이고, 당신 자신을 보살피는 것이다.

당신의 삶이 당신을 살도록 버려두는 것이 아니라
당신이 당신의 삶을 살도록 하는 것이다.
가만히 앉아서 삶이 지나가는 것을 구경하는 것이 아니다.

당신에게 행동이란, 당신이 빨래 건조대로 쓰는 러닝 머신을 사용하거나, 오랫동안 소식을 전하지 못한 친구에게 전화를 건다거나, 옷장에 처박혀 먼지나 잔뜩 뒤집어쓴 뜨개질을 다시 시작한다는 것일 수도 있다.

그게 무엇이든, 작은 일부터 시작하라. 시답잖아 보이는 일부터 시작하라. 만약 세상을 바꾸기를 원한다면, 플라스틱병과 함께 시작하라. 그렇게 작은 일로부터 시작해야 첫날의 싸움에서 이길 것이다. 첫날 싸움에서의 승리에서 당신은 자신을 얻고 두 번째, 세 번째의 승리로 나아갈 수 있다. 작은 것이 곧 큰 것이라는 것을 깨닫는 일이 도움이 될 것이다. 왜냐하면 당신이 작은 일도 다루지 못하면 큰일은 결코 손도 댈 수 없기 때문이다.

이 플라스틱병이 당신의 보다 나은 날을 위한 격려가 된다.
이 플라스틱병이 바로 당신의 인생이다.

멋진 주말을!

월요일 아침, 교통 체증에 걸렸다. GPS는 내가 1~2분 정도 늦을 거라고 한다. 어디를 가든 10분 정도 일찍 도착하지 않으면 좀 불편한 사람이 나여서, 불안했다. 그래서 좀 정신이 없다. 길거리에서는 노점상들이 자질구레한 것들을 파느라고 창문으로 광고지 같은 걸 들이밀고 있다. 잠시 동안의 평화를 위해 창문을 닫는다.

그런데 그녀가, 폭염 속 시원한 바람처럼 성큼성큼 내게로 오고 있다. 나는 그녀가 누군지도 모르고 아직 얼굴이 자세히 보이지도 않는다.

그녀가 좀 더 가까이 오자 나는 조금 더 잘 볼 수 있다. 청바지에 산뜻한 셔츠, 긴 머리를 뒤로 당겨서 단정히 묶은 포니테일 헤어스타일을 하고 있다. 키가 크고 튼튼해 보이는—적어도 겉보기로는 딱히 예쁘다고 부르긴 어렵고, 그럴 필요도 없을 것 같은—여자다. 그런데 그녀는 정말 기분 좋은 미소를 띠고 있다.

그녀가 전단지를 나눠주며 자동차들 사이로 걸어온다. 내 차례가 되었다. 그녀가 내 창문 쪽으로 슬쩍 몸을 기울인다. 그녀의 미소는 기대했던 것보다 훨씬 더 보기 좋다. 따뜻하고 감동적일 정도다. 그 미소도 전단지와 함께 차 안으로 들어온다. 그러나 그 무엇보다 그녀가 준비해 놓은 최고의 마지막 부분은 이것이다.

"좋은 한 주 되세요!"

나는 자동차에 앉아서 그녀가 전해주는 무구한 사랑을 뚫어지게 본다. 그 '아가페'란 그녀의 말이 아니라, 그녀가 말하는 방식이었다. 당신은 벌써 내 한 주를 기분 좋게 만들었어, 라고 나는 생각하지만, 굳이 그녀에게 말하진 않는다.

사람은 누구나 한 사람의 승자로 태어나는 것이 아니라
어떤 사람이 되는 것이다.

무엇을 하느냐의 문제가 아니라 어떻게 하느냐의 문제다. 성공은 목적지가 아니다. 성공은 당신의 삶에서, 당신이 있는 곳에서, 당신이 무엇을 하느냐는 것이다. 만약 고속도로로 나간다면, 성공은 당신이 지나는 모든 터널에 있다. 그것은 이른 모닝콜일 수도 있고, 당신이 마시는 한 잔의 커피일 수도 있고, 당신이 보내는 미소일 수도 있다. '무엇'의 문제가 아니라 바로 '어떻게'의 문제이다.

당신의 삶을 운전하는 데 있어서 승리자가 되어라. 운전대에 두 손을 계속 얹어 둬라. 차선을 지켜라. 차선을 바꿀 때는 방향지시등을 이용하라. 그러나 당신의 목적지를 결정하는 존재는 당신임을 명심하라. 당신이 의사든 선생님이든 청소부든 목적지를 결정하는 사람이 당신 자신이라는 것은 협상의 여지가 없음을 명심하라. 당신 삶을 운전하는 데 있어서는 단 한 순간에도 주도권을 뺏기지 말라. 교통체증을 뚫고 환한 웃음으로 자신 있게 내 차로 다가왔던 그 젊은 숙녀처럼. 나는 그녀가 그 노점상 직업에 그다지 오래 종사하지 않았을 거라는 데 내가 가진 그 어떤 것도 걸겠다. 그녀는 보다 나은 일을 목적으로 하고 있었을 것이다. 사실, 교통체증으로 인한 짜증을 일거에 날려주던 그토록 환한 웃음과 시원시원한 발걸음이 그녀가 이미 더 좋은 일을 하고 있었음을 증명하는 것 아니겠는가.

인생은 규칙이 있을까

그렇다. 삶에는 룰이 있다.

당신 자신을 속이려면 그건 다른 이야기지만.

아무리 노력해도 물 없이는 스파게티를 끓일 수 없듯이.

인류의 목적은 행복이다.

행복은 인간의 내면에서 뻗어 나오는 가지다.

행복을 나누면, 배가 늘어난다.

타인의 행복을 함께 기뻐하는 것은 축복이다.

당신 자신을 돌보라.

키우고 싶은 것이 있다면 그게 무엇이든 그것을 돌보라.

마음에 들지 않는 것은 그것이 무엇이든 쳐 내라.

당신은 정원사다. 다른 사람들이 이러저러하게 당신을 말하도록 내버려 두지 말라.

일등만 바라고 사는 사람들은 고통스럽다.
성공과 행복은 확연히 다르다.
나누라.
세상의 모든 궁전도 내부에서 붕괴되면 끝난다.

자신을 속일 수는 없다.
타인은 속일 수 있을지 몰라도.
본모습으로부터는 숨을 수 없다.
당신은 당신의 본모습과 함께 일어나고 함께 잠자리에 든다.

여기 현실에는 천국과 지옥 둘 다 있다.
인생에는 모든 것이 다 있다. 한 친구가 내게 말하기를 "지옥에
는 한 솥 가득 음식이 있다고 한다. 그런데 숟가락이 너무 길어서
도저히 먹을 수가 없다고 한다. 천국도 같은 형편이지만 거기에서
는 긴 숟가락으로 서로를 먹여준다."고 한다.

실패를 피하려고 하는 것은 인생을 피하려 하는 것이다.
넘어지지 않고 자전거 타는 법을 배울 수는 없다.
실수는 경험이다.

일해야 값을 수 있다.

수천 시간의 연습이 있고 난 뒤에야 우승자가 될 수 있다.

대부분의 사람은 10번 연습 후에 포기한다.

당신이 원하는 것을 가진 사람은 단순히 인맥이 좋아서 그걸 가진 것이 아니다.

본격적으로 일에 뛰어들어서 성취했다.

본격적으로 뛰어들라.

행운이란 없다.

행운이란 당신이 원하는 것을 얻기 위해 당신이 하지 않은 바로 그 일에 있다.

그것은 운에 맡기려 하는 것. 행운은 그냥 변명이다.

행운을 잊어라.

계속 행동하라.

당신이 좋아하든 싫어하든 행동은 우주가 존재하는 방식이다.

움직이든가 넘어지든가 하는 것이 자전거를 타는 일이다.

움직이지 않는 자전거 같은 것은 존재하지 않는다.

깨어있을 수 있는 유일한 길은 서 있는 것이다.

너무 오래 두면 녹이 슨다.

당신의 신념은 당신의 뿌리다.

당신이 믿는 것을 선택하라.

하느님이든, 마호메트이든, 부처든, 혹은 당신 자신이든.

무언가를 믿어라.

그렇지 않으면 첫 시련에서 당신은 바람에 불어 날아가 버릴 것이다.

당신의 의견은 규칙이 아니다.

그것은 당신을 위한 것일 수는 있을 것이다.

그게 문제다.

마음을 바꾸는 법을 배워라.

당신의 인생은 당신 자신과의 관계이다.

당신은 언제나 당신 자신 안에 당신을 데리고 다닐 것이다.

만약 당신의 내면이 행복하지 못하면 어디서든 당신은 행복하지 못할 것이다.

그곳이 천국이라 할지라도.

돈은 선택적인 것이다.

당신이 나쁜 사람이라면 당신은 돈으로 누군가를 해칠 것이다.

당신이 좋은 사람이라면 당신은 돈으로 아름다운 일을 할 것이다.

돈은 아무 잘못이 없다.

돈이 없는 게 문제가 아니다.

돈에 대한 생각이 없는 것이 문제다.

삶은 당신에게 빚진 것이 없다.

삶은 공평하지 못하지만, 공평한 것이기도 하다.

삶은 당신에게 줄 만한 것을 주지, 당신이 필요한 것을 주지는 않는다.

삶은 당신이 당연한 권리로 요구한 것, 당신이 번 것, 당신이 정복한 것을 준다.

당신이 희망하는 것을 주지는 않는다.

가장 큰 위험은 전혀 위험이 없다는 것이다.

만약 당신이 위험 부담을 떠안지 않으면 당신은 그 위험한 일로 끝난 것이다.

그 위험한 것 때문에 당신은 죽은 것이지만 당신은 자신이 죽었다는 것을 모른다.

벤자민 프랭클린은 이렇게 말했다.

"어떤 사람은 25살에 죽지만 75살이 되어서야 묻힌다."고.

이것이 그가 의미하는 것이다.

당신만이 당신을 결정한다.

타인을 바꾸려고 하지 말라.

그 타인이 당신의 자녀라 해도.

그것은 억압이다.

타인을 바꿀 수 있는 오직 하나의 방법이 있다면

그것은 당신 자신을 바꾸는 것이다.

사람은 뿌린 대로 거둔다.

당신의 수확물이 마음에 들지 않는다면 파종하는 종목을 바

꿔라.

토마토 씨앗을 뿌려놓고 오이를 추수할 수는 없다.

사람은 나무가 아니다.

움직이기 때문이다.

소셜 미디어 속에서 움직이지만

실제로 움직이는 것은 아니다.

모든 것을 바꾸는 데 일 분이면 충분하다.

당신이 원하기만 한다면.

일을 하기만 한다면.

삶은 유한하다.

1,000개월 정도 계속된다.

낭비하지 말라.

사람에게는 두 개의 귀와 한 개의 입이 있다.
그런 데는 다 이유가 있다.

아이들은 당신의 소유가 아니다.
그들은 그들 자신의 소유다.
당신의 삶을 위해서라도, 아이들을 위해서라도
빨리 알아차려야 한다.

분노를 억제하라.
분노는 자신뿐 아니라 타인도 죽인다.
공자가 말했다.
"복수의 여행을 시작하기 전에, 무덤 두 개를 파놓고 떠나라."

기쁨을 먼 곳에 저장해 두지 말라.
정말 빠르게 상한다.
기쁨은 매일매일 신선하게 보관하라.
당신은 당신이 무엇인가 말하는 이야기, 바로 그 자체이다.
이야기를 바꾸면 삶도 바뀔 것이다.
당신이 끌고 가는 인생이 맘에 들지 않는다면 새로운 이야기를
창조하라.

펜과 종이가 있지 않은가.

당신의 운명은 당신이 결정한다.
모든 이에게 부는 바람은 같은 바람이다.
문제는 어떻게 돛을 올리는가 하는 것.
바르게 돛을 올려라.

질문하지 않으면 해답을 얻지 못한다.
원한다면 요구하라.
불평이 있으면 말하라.

더 멀리 간다고 해서 더 많이 아는 것은 아니다.
지구상에 존재했던 가장 위대한 철학자 중의 한 사람이 이렇게
말했다.
"나는 내가 아무것도 모른다는 것을 안다."
소크라테스는 틀림없이 한두 가지는 알았을 것이다.

현재를 살라.
오직 지금을 살라.
현재에 존재하라.
과거와 미래는 당신 상상력이 지어낸 허구다.

삶은 복사가가 아니다.

타인의 삶을 복사하지 말라.

당신만의 것을 창조하라.

베푼 만큼 얻을 것이다.

때로는 기대하지 않았던 곳에서.

삶은 회계학이다.

그것은 언제나 수지 균형을 이룬다.

자유란 개인적인 일이다.

어떤 이는 자신이 가진 재물의 감옥에 갇힌다.

그러나 넬슨 만델라는 감옥 안에서도 자유로웠다.

당신은 교도소장이 될 수도, 석방된 자유인도 될 수 있다.

모든 장거리 여행은 첫걸음으로 시작된다.

오늘 걸음을 떼라, 내일이 아니라.

사랑은 어디에든 있다.

5유로의 의미

나는 화요일과 목요일이 제일 좋다. 학교에서 딸들을 픽업한 후 우리는 각자 우리의 일을 한다. 매번 우리의 일은 달라지는데, 일종의 '놀라움' 같은 것이다. 막내는 언니보다 일찍 학교가 끝나기 때문에 언니를 기다릴 동안 앉아서 막내 친구들과 게임을 하거나 수수께끼 게임을 하거나 한다.

나는 전에도 그를 본 적이 있다. 그는 학교 수위였다. 깔끔하게 자른 회색 머리칼에다 잘생기고 열심히 일하는 사람이었다. 언제든지 우리가 뭔가 필요할 때면 그는 열심히 도와주곤 했다. 그러나 나는 그의 이름을 몰랐고, 그도 내 이름을 몰랐다.

아이들과 내가 공차기를 하고 있을 때 그가 와서 물었다.
"이거 당신 겁니까?"

"뭐라고요?"

"5유로를 주웠는데, 당신 겁니까?"

"아닌데요."

나는 기계적으로 대답하고 공놀이를 계속했다.

"알겠습니다. 그럼 교무실에 갖다놓지요." 하고 그가 내게 말했다.

나는 방금 무슨 일이 일어났는지 깨닫고는 딸들과 그것에 관해 이야기했다. 나는 그 남자의 품위에 관해 설명하려고 노력했다. 그는 분명 부자가 아니었다. 그에게는 그 5유로를 슬쩍할 백 가지 이유가 있었을 것이다. 아무도 그것을 알아차리지 못할 것이었는데도 그는 교무실에 갖다 놓는 쪽을 선택했다.

그는 자신을 위해 그렇게 했을 것이다. 그래서 다리 뻗고 잘 수 있었을 것이고, 양심에 거리낌이 없었을 것이고, 아이들의 눈을 똑바로 쳐다볼 수 있었을 것이다. 나는 그 자리를 떠났고, 뒤에 그를 보았다.

"이름이 어떻게 되세요?"

"스피로스입니다."

그는 조심스럽게 대답했다.

"축하드립니다, 스피로스 씨."

"무엇을요?" 그는 당혹해했다.

"당신이 한 일을요."

"제가 무엇을 했는데요?"

"5유로를 교무실에 갖다 놓은 것 말입니다."

"그건 제 돈이 아니었는데요."

그는 여전히 어리둥절해 했다.

이런 사람들이 영웅들이다.

이런 사람들이 우리와 우리 아이들에게 가치를 가르칠 사람들이다.

톱날을 갈아라

내가 초등학교 6학년 때 그를 만났는데, 그는 나의 첫 멘토가 되었다. 그는 언어를 가르쳤다. 내가 피레우스 항구 근처에 있는 그의 집에 갔을 때, 집의 곳곳에 있는 책들을 보았다. 벽이 1인 치도 안 보일 만큼, 책들은 마치 벽지 같았다. 가치 있는 벽지 말이다.

집 전체는 1톤 무게의 책이 만들어내는 아주 특별하고도 매혹적인 향기를 발산하고 있었다. 나는 수천 권의 책을 가진 도서 대리점을 하는 친구의 사무실에서 예전에 한 번 이 확 풍기는 '책 냄새'에 사로잡힌 적이 있었다. 그때 이후로는 그 '책 냄새'를 맡지 못했다. 나는 선생님 집에서 풍기는 책 냄새에 감동했다.

그래서 이 언어 선생님이 내 인생을 바꿨다. 그는 6학년 때부터 내가 고등학교를 졸업할 때까지 작문을 개인 지도해 주셨다. 그것은 단순히 에세이 작문 개인 지도가 아니라 인생 수업이었다.

매 학년말이면 선생님은 여름 독서용으로 12권 정도의 책을 읽기를 권했다. 그 무더운 여름 오후, 재스민 향기가 부유하는 덧문이 있는 내 방에서 나는 그 책들을 게걸스럽게 먹어 치우듯 읽었다. 매일 오후, 책들의 마법 속으로 뛰어들었다. 독서 삼매경에서 나를 불러낼 수 있는 유일한 것이 있었다면 공놀이를 하자고 부르는 친구의 목소리뿐이었다. 그것도 잠시 동안.

나이가 들어가면서도 나는 책들의 신비한 세계에 계속 빠져들었다. 책들은 내 영혼의 음식이 되었다. 지금도, 나는 배를 채우기보다는 차라리 영혼을 채우는 것을 더 좋아한다. 물론 잘 알겠지만, 요즘은 책이 종이로만 만들어지지는 않는다. 전자책도 있고 오디오북도 있다. 그것 역시 언제나 매혹적이다.

매번 한 권의 책을 끝낼 때마다
당신은 처음 그 책을 읽기 시작할 때와는 다른 사람이 된다.

당신은 더 연륜이 깊어지고, 더 현명해지고, 더 나은 사람이 된다. 책은 당신의 마음을 여행도 보내고 성장시킨다. 책은 당신을 매혹시킨다. 책은 당신에게 생의 마지막 날까지 배움을 계속하라고 가르친다.

읽을 수 있는데도 읽지 않는다면 그 역시 문맹이다. 슬프게도 많은 사람들이 책을 읽지 않는다. 인생의 어디쯤인가에서 그들은 배움을 멈추는 것이다. 성장을 멈추는 것이다. 이리저리 경쟁하고, 스트레스받고, 그리고 미쳐버린다.

당신은 그들에게 말한다.

"이봐, 긴장 좀 풀어. 생각하고, 진로를 바꿔봐. 책도 읽고, 정보도 얻고. 새 일을 한 번 시도해 보는 건 어때. 한 걸음 전진해 보라구."

"시간 없어." 하고 그들은 말한다. 시간 없음, 그러나 그들이 티브이 볼 시간은 충분히 가지고 있다.

한 벌목꾼이 친구와 함께 있다. 벌목꾼은 나무 한 그루를 자르느라 애쓰는 중이다. 한다고 하지만 그 톱은 나무를 자를 것 같지 않다. 톱이 너무 무디다. 그러나 그는 몇 시간째 톱질을 계속하고 있는 중이다.

"이보게." 친구가 말한다.

"톱날을 좀 갈아야 하겠는걸."

"시간이 없어."라고 벌목꾼은 대답한다.

당신의 톱날을 갈 시간은 언제나 있다....

레이디 먹

몇 년 전 나는 아테네 교외 부촌의 한 레스토랑에서 친구를 만났다. 평소처럼 나는 약속 시각 16분 전에 도착해 자리에 앉아서 주위 사람들을 살펴본다.

내 옆자리에는 소위 '점심을 즐기는 여인들', 이른바 돈 많고 시간 많아 고급 레스토랑에서 남들이 일하는 주중에 느긋하게 점심을 먹는 50대로 보이는 여자가 앉아 있었다. 영국인들에게는 그런 여자들 같은 오만한 사람들을 지칭하는 말이 있는데, 바로 레이디 먹Lady Muck이다. 그 여자는 머리끝에서 발끝까지 고급 디자이너의 옷으로 휘감고 있다. 필시 수천 달러짜리일 것이다. 그런 종류의 여자들은 오직 제 것만, 자기 집, 자기 차, 그래 자기 것만 좋아하고, 자기 아이들만 챙기는 여자다.

80대 정도 되어 보이는, 키가 크고 마른, 지팡이를 짚은 등이 굽은, 무슨 복권을 파는 듯한 사람이 들어왔다. 그는 레이디 먹의 테이블로 간다. 나는 무슨 일이 일어날지 안다. 모르긴 해도 그녀가 그를 무시할 것이다. 나는 곁눈으로 본다.

나는 완전히 너무 놀랐다. 레이디 먹이 뛰듯이 일어나더니 그를 반겼기 때문이다. 그녀는 의자를 당겨 내어 그에게 앉으라고 한다. 그 복권 장수는 어리둥절해 하고, 나도 어리벙벙하다. 그가 앉는다. 그녀는 그에게 물 한 잔을 따라 준다. 늙은 복권 장수가 마시고는 그녀에게 감사하다고 한다. 그리고 그녀는 메뉴를 주며 그에게 음식을 주문하라고 한다.

그는 다시 그녀에게 감사하다고 했지만, 메뉴를 돌려준다. 그는 아직도 완전히 넋이 나가 있다. 그들은 뭔가 얘기를 나누었지만, 나는 듣지 못한다. 그런 다음 나는 그가 그녀에게 복권을—아주 많이, 한 장씩 한 장씩, 계속해서—주는 것을 본다. 그녀는 그가 가진 복권의 절반을 산 것이 틀림없다.

마지막에는 그들 둘 다 일어났다. 레이디 먹은 출입문까지 그와 함께 몇 발자국 갔다. 복권 장수는 입이 찢어지게 웃으며, 나가면서도 믿을 수 없는 듯 머리를 흔든다. 그녀는 복권 장수보다 더 행복해 보인다. 그녀의 온 얼굴과 그 엄청나게 비싼, 일류 디자이

너가 만든 옷에도 그녀가 더 행복하다는 게 씌어있다.

나는 그 모습을 잃지 않으려고 웃기 시작한다. 나는 이제 세심한 마음 씀씀이로 감동을 주는 레이디 먹이 아니라 나 자신에 대해 점검하고 있다. 나는 엄청나게 가치 있는 교훈을 얻었다.

판단하지 말라.
그냥 있는 그대로 보고 배워라.

당신도 알다시피, 판단과 교훈은 잘 어울리지 않는다.
물과 기름처럼.

변기 물 내리기

몇 년간 가던 레스토랑이 있다. 음식과 고급스러운 분위기, 뭔가 생각하기에는 좋은 곳이기 때문에 계속 그 레스토랑을 가야 할지 아직 결정을 못 하고 있다. 아마 그게 전부 다일 것이다.

확실히 아는 것은 그곳에서 낯선 사람들과 함께 식사하면 내가 그들과 연결된 느낌을 받는다는 것이다.

나는 가끔 나 자신을 그곳으로 초대해 모시고 가듯 간다. 음식은 늘 맛있고 별로 비싸지도 않다. 나는 언제나 테이블에 앉아서 즉석에서 뭘 주문할지를 결정한다.

순전히 그날의 내 기분과 메뉴판에 뭐가 보이느냐에 따라 주문한다.

오늘 나는 염소젖으로 만든 그리스 치즈인 페타를 곁들인 속을 채운 야채를 먹기로 했다.

나는 음식을 주문해서 포크 가득 떠서 맛을 음미하며 천천히 먹었다. 주위를 둘러보니 마음이 평온해졌다. 내면의 소리를 들으니 고요가 나를 씻어내는 듯했다.

식사를 마치고 화장실로 갔다. 화장실 문은 조금 열려있었다. 누가 안에 있었다. 키가 크고 구레나룻이 있는 남자가 잠시 뒤에 나왔다. 그 남자는 조금 무안해하며, 억지웃음을 지어 보였고, 나도 웃어주었다.

화장실로 들어갔다. 앞의 남자는 변기 물을 내리지 않았다. 나는 불쾌했고, 그래서 좀 생각을 하게 되었다. 그가 변기 물을 내렸다면 과연 그의 남은 하루—아마도 남은 생애까지—는 어땠을까 궁금했다.

우리는 기계적으로 삶을 산다. 우리가 하는 일과 하지 않는 일의 결과가 어떻게 될지 깨닫지 못한다. 그러나 우리는 우리의 선택에 달려 있다. 아무리 무의미한 일이라 할지라도 그것까지 우리의 선택이다.

당신의 삶이란 당신이 혼자 있을 때 하는 일이다.
아무도 보지 않을 때.

당신은 타인을 속일 수 있다. 그러나 자신은 속일 수 없다. 조 그만 조약돌들이 잔물결이나 일으키는 호수 표면이 아니라, 그 조 약돌들이 마침내 가라앉는 호수 바닥 같은 당신의 내면에서 스스 로가 좋다고 느끼는 것이 중요하다.

이 세상을 당신이 발견한 세상보다 더 나은 곳으로 만들어 남 겨라. 무엇보다 먼저 당신 자신을 더 나은 사람으로 만들어라. 당신도 보시다시피, 더 나은 세상과 더 나은 자신은 같이 가는 것이다.

"나는 변기 물 안 내리고도 살 수 있어."라고 말할 수 있다. 그 래 맞다. 문제는 변기 물도 안 내린 당신이 잘 살면 어떻게 얼마나 잘 살 것인가 하는 것이다. 당신은 살면서 어딘가로 갈 것이다. 그 래, 어디일까? 도로를 건너가려 한다면, 문제없다. 그러나 산의 정 상에 오르고자 한다면 좀 더 걸어야 한다. 그리고 산의 정상에 오 르고자 한다면 당신 자신의 정상, 당신 안에 있는 산의 정상에 올 라야 한다. *거기에 도달하기 위해서는, 친구여, 변기의 물을 내려 야만 한다.*

생일

　지금은 혼수상태 속에서 사는 것 같다. 우리는 생각하지도 않고, 느끼지도 않고, 로봇처럼, 일어나고, 운전하고, 일한다. 몇 마디 말을 주고받고, 티브이를 보고, 약간의 소셜 미디어로 휴식을 취하고, 그리곤 잠자리에 든다. 그리고는 다시 알람이 울리고 어제와 다를 것 없는 비몽사몽으로 돌아간다. 그러나 그래도 살아있는 것처럼 생일, 휴가, 휴일, 새해 전야같이 다시 태어난 것 같은 몇 날도 있긴 하다. 당신이 좋아하는 팀이 슈퍼볼에서 우승한 날도 그런 날이다.

　사람들은 페이스북의 거리로 몰려 들어간다. 삑삑대는 소리, 교통체증, 그리고 갈채, 행복한 모습의 사진, 친구들의 바람, 좋은 말들…. 그건 경축 행사다.

그러나 그것은 단지 하루 동안만 계속될 뿐, 그리고는 나비처럼 사라진다. 시간이 자정을 지나는 그 순간, 모든 것은 없었던 것으로 돌아간다. 신데렐라처럼, 유리 구두를 벗고, 걸레를 쥐듯이.

그리고는 다시 뉴스를 켜고, 침울해져서 우울한 얼굴을 한다. 날씨라도 흐리면 더 심해진다. 그런 날은 장례 행렬 속에라도 있는 것 같다.

우리는 학교에 다닐 때 1년은 365일이라고 배웠다. 그러나 우리는 하루하루가 선물이란 것은 배우지 않았다. 하루하루가 당신의 생일이다. 생일은 당신의 마음속에 있지, 달력 속에 있지 않다. 날마다 선물을 열고 그것을 즐겨라.

사람들은 자신들이 무엇을 잃어버렸는지 언제나 너무 늦게 깨닫는다. 경험하지 못한 기쁨, 나누지 못한 사랑, 느끼지 못했던 감사, 보지 못한 아름다움, 실천하지 못한 선행 같은 것들 말이다.

그런 것들은 언제나 그 자리에 있었지만, 당신은 거기 없었다. 당신은 당신 생일이나 또 다른 특별한 날에만 당신이 잃어버린 그 좋은 것들이 있는 곳의 문을 두드릴 뿐이다. 그리고 그것들은 당신을 열렬히 환영한다.

인도에 한 현명한 왕자가 있었다. 그는 하루하루가 축하해야할 날임을 이해했던 사람이다. 그리고 그 사실을 잊고 싶지 않았다. 그래서 그는 하인들에게 매일 그것을 상기시켜 달라고 했다. 매일 아침 그가 일어날 때 보면 그는 관 속에 누워있었고, 하인들은 그를 위해 노래를 불렀다. 이 의식이 끝나고 나면 그는 관에서 나와 그날을 기념했다. 그는 삶을 산 것이다. 매일매일.

오직 당신이 죽음에 가까이 이르렀을 때
당신은 삶이 무엇을 뜻하는지 알게 될 것이다.

매일 당신의 삶을 살기 시작하라.
그 하루하루가 당신의 생일인 것처럼.

신의 손

나는 정말로 화가 났다. 전장에서 총을 쏘는 것처럼 문자를 보내기 위해 휴대전화 버튼을 누르고 있었다. 글자 하나하나가 총알이었다. 길고 무례하고, 화가 잔뜩 난 메시지였다. 너무 화가났다.

나는 문자를 보내기 전에, 그것을 점검하기 위해서라기보다 매번 내가 보내는 문자의 느낌이 어떨까를 조금이나마 알아보려고 몇 번 읽어본다. 그런 다음 '전송'을 누르는 순간이 오면, 오만하고 거만하게, 북한의 김정은이 할 법한 방식으로 버튼을 누른다.

나는 4G 핸드폰을 갖고 있다. 전송은 보증되는 것이다. 그러나 무엇 때문인지 내 휴대전화에 빨간 아이콘이 나타났다. 문자는 전혀 전송되지 않았다.

나는 문자 로켓을 발사하기 위해 버튼을 누를 준비가 다 되어 있었다. 내 손가락은 헬리콥터가 전장의 공중에 떠 있는 것 같은 형국인데, 그런데 이번에는 좀 주저했다.

옛날의 나라면 즉시 기계적으로 버튼을 눌렀을 것이다. 그러나 이번엔 내 안의 무언가가 내게 그러지 말라고 말했다. 그것은 마치 보이지 않는 손이 내 손을 잡고, 다시 생각할 기회를 주는 것 같았다.

이 보이지 않는 손은 언제나 지금처럼 미칠 것 같은 순간에 나타난다. 그리고 그것은 결코 올바르지 않은 쪽으로 나를 이끌지는 않는다. 그래서 나는 보내려 했던 문자가 일으킬 모든 결과와 영향력에 대해 재고하게 되었다. 그걸 보냈다면 큰 실수를 저지를 뻔했다.

한 번 내뱉어진 말은 주워 담지 못한다.

당신이 일단 문자를 보내고 나면 전화기를 끄든 배터리를 빼든 취소하지 못한다. 로켓은 이미 발사되었기 때문이다.

전쟁을 선포하는 일, 싸우자고 덤비며 문자를 보내는 게 얼마나 미성숙하고 파괴적인 일인가를 생각해본다. 그런 문자를 보내면서 나는 받는 사람에게 대답하라고 강요했을 것이다. 그러면 그도 화가 나서 응수했을 것이고 결국 싸움은 끝이 없었을 것이다. 그것은 둘 다 지는 일이다. 다음 날 화해를 시도한다 해도 그것은 얼마나 무익하고 쓸데없는 일인가.

나는 나를 보호해 준 그 보이지 않는 손에 감사했다. 그것이 어디서 오는 것인지는 모르지만, 앞으로도 그 손의 조언을 따르겠다고 약속했다.

내가 어렸을 때 할머니는 신의 손에 대한 이야기를 하곤 했다. 할머니가 말한 신의 손이 바로 그것이 아니었나 싶다.

할머니, 당신이 얼마나 옳았는지 몰라요!

반응하지 마라, 응답하라

당신은 테니스를 치고 있다. 상대방은 빠른 공을 보낸다. 당신이 그 공을 못 받으면 상대가 득점한다. 당신은 공을 쫓아간다. 관람석까지 쫓아가 마지막 순간에 공을 받아친다. 당신은 통제력을 약간 잃고 더 세게 받아친다. 상대도 그렇게 한다. 이번엔 더 빠른 공이다. 그래서 쌍방 간에 통제되지 않는 총알 같은 공이 잇달아 왔다 갔다 한다.

당신은 파트너와 함께 있다. 그녀는 짜증이 나서 여태 당신이 들어본 적 없는 바보 같은 무슨 말인가를 한다. 테니스에서 볼을 쫓아가듯 쫓아가서 마지막 순간에까지 맞받아치듯 하는 그녀. 당신 또한 그러려니 하고 넘어가지 못하고 맞받아친다. 그녀가 한순간에 돌아와 앉는다. 한 세트가 끝나고 나면 둘 다 지치고 분에 찬다.

그녀가 꼴 보기 싫어진다. 당신 자신마저도 꼴 보기 싫어진다. 똑같은 일이 사무실에서, 길거리에서, 은행에서도 일어나는 것을 상상해보라. 잘 알려진 비유가 성경에 있다. 예수 그리스도는 누가 한쪽 뺨을 때리거든 다른 뺨도 돌려대라고 했다. 이것이 그가 말하고자 한 것일 것이다.

옛사람들은 말하곤 했다.
말하기 전에 먼저 열까지 세라고.

어딘가에서 'responsible'이란 단어가 'able'과 'to respond'에서 유래됐다는 것을 읽었다. 사람들은 응답하고 동물들은 반응한다.

공을 서브할 때가 있으면 받아넘길 때가 있다. 그것을 선 밖으로 나가게 내버려 둘 때가 있고. 선 안으로 들일 때가 있다. 어떤 때에 당신은 공이 땅에 닿기 전에 치고 어떤 때는 땅에 닿아 튄 후에 친다. 어떤 때는 더 힘껏 치고 어떤 때는 힘을 좀 빼고 친다. 어떤 때는 네트에서 넘어올 때 바로 쳐 넘기고 어떤 때는 코트의 중간에서 받아넘긴다.

그러고 나서 상대를 축하할 시간, 그들에게 이야기할 시간이 온다. 그리고는 그들을 두고 가야 할 시간이 온다.

올바르게 공을 치는 법을 배우라. 인생에서 우리가 하는 것처럼.

토너먼트에서 당신이 뛰기를 원한다면.

초특급 아빠

비행기에 탑승할 때 나는 그를 눈여겨보지 않았다. 그가 아이들이 뭘 하는지 보려고 돌아섰을 때 그를 보았다. 그는 그냥 머리만 돌린 것이 아니라 아이들을 잘 보기 위해 몸 전체를 돌렸다. 그런 그의 모습이 내게는 부드럽고 달콤해 보였다.

머리카락이 이제 막 회색으로 세어가는 40대로 보이는 그는 테가 얇은 안경을 쓰고 있었다. 칼라를 세운 클래식 폴로 셔츠를 입은 그는 부티가 났다. 아이들에게 필요할 만큼의 아버지로서의 사랑과 따뜻함으로 가득 찬 그의 시선은 매우 자연스런 매력을 지니고 있었다. 넘치지도 모자라지도 않는 그런 매력이었다.

그의 시선은 품위 있었다. 상대를 쓰다듬는 듯한 품격 있는 시선 말이다. 그것은 매번 그가 아이들을 향해 돌아설 때, 단지 아이들을 쳐다만 보는 것이 아니라 아이들의 머리를 쓰다듬어주는 것 같은 배려와 베풂, 그중에서도 가장 큰 느낌이라면, 자신의 아이들이지만 대등한 인격으로 존중해주는 온화함이 배어있었다.

그것은 단지 아이들이 무얼 하고 있는지 확인하거나 단속하려는 눈빛이 아니었다. 그는 온 주의를 기울여서 돌아보았고, 아이들을 귀찮아하지 않고 또 그들의 영역을 침범하지 않으면서도 세심하게 귀 기울여 들어주었다. 사람들이 그들의 조언자나 대단히 존경하는 사람에게 뭔가를 묻는 것처럼 대부분 아이들이 아빠에게 무언가를 질문하고 있었다.

그는 주의 깊게 들었다. 아이들이 질문하는 동안 끼어들거나 무성의하게 대답하지 않았다. 가끔 어리둥절해 했지만, 아빠가 잘 모르겠다는 것을 아이들에게 보여주는 것을 두려워하지도 않았다. 그럴 때면 잠깐 생각하느라 고개를 숙이고 아래를 내려다보았다. 나는 그런 그를 한껏 주의를 기울여 살폈다.

나는 그 초특급 아빠에게 완전히 빠져들었다. 어느 순간 그가 일어나 내 옆을 지나갔다. 좋은 냄새가 났다. 아이들이 무엇을 하고 있는지 잠시 몸을 기울여 살펴보고는 비행기의 뒤쪽으로 갔다. 일어서면서 그는, 다시 말하지만 넘치지도 모자라지도 않는 손놀림으로 아이들의 머리를 부드럽게 쓸어주었다.

저녁 식사가 나오는 시간이 되었다. 슈퍼 아빠 가족은 모두 야채 식사를 주문했다. 또다시, 그는 식사를 시작하기 전에 존경할 만한 손님이 집에 왔을 때 하듯 자기 아들들에게 필요한 것이 다 있는지를 확인했다.

한 아이가 다른 승객들은 파스타까지 주문했다는 것을 조금 후 알았다. 그 아이는 아빠에게 자기도 파스타를 먹을 수 있는지 물었고, 슈퍼 아빠는 눈웃음을 띠고 예의 바르게 승무원에게 파스타에 관해 물었다. 승무원은 식사 서빙이 끝나고 남은 파스타가 있는지 알아볼 때까지 기다려야 한다고 대답했다. 그다음으로는 이제 아빠가, 파스타를 목이 빠지게 기다리는 아들에게 승무원이 한 대답을 설명했다. 이 슈퍼 아빠는 재빨리 남은 파스타가 있는지 알아봐 달라고 승무원에게 갔지만, 파스타는 남아있지 않았다.

그는 자리로 돌아와 가장 중요한 일등석 승객에게 알려주듯 아이에게 상황을 설명했다. 설명을 다 마친 후에는 다른 손으로 아이의 머리를 잡고 눈을 감은 채 아이의 볼에 부드럽게 입을 맞춰 주었다.

그는 전형적인 아빠하고는 달랐다. 그는 보이지 않는 자석이라도 가진 것처럼 아이들을 자기에게로 끌어들이는 것 같아 보였다.

그는 마법 같은 터치와 시선을 가지고 있었다. 비록 아빠가 쓰다듬어 주고 바라보지 않을 때도 아이들은 보이지 않는 보호의 외투에 싸여있는 것 같았다.

당신은 저런 아빠를 자주 보지 못할 것이다. 그리고 결론을 말하자면 그것은 우리의 책임이다. 부모의 역할이 얼마나 중요한 것인지를 우리는 종종 잊는다.

우리는 아이들의 마법의 세계에 들어가는 대신
아이들을 우리의 세계로 밀어 넣는다.

우리는 종종 아이들을 독립적이고 대등한 인격으로 대하지 않고, 대신 군대처럼 부모라는 지위를 이용해서 우리가 좋아하는 일을 하도록 강제한다. 아이에게 소리를 지르고 아이들의 목소리를 듣지 않는다. 아이들 곁에 있다고 하지만 사실은 곁에 없는 것이나 마찬가지다.

우리는 아이들의 생각이 아니라 우리 자신만의 생각과 자질구레한 일들 속에서 길을 잃고 헤매고 있다.

그날 비행기에서 본 슈퍼 아빠는 내게 부모가 된다는 것이 얼마나 큰일인가를 상기시켜주었다.

칼라를 세운 따뜻한 눈매의 슈퍼 아빠.

신은 당신과 함께 있다

운전 중 커브 도로 부근에서 나는 곁눈으로 그를 보았다. 체격이 크고, 옷이 더럽고, 일 때문에 지쳐 보이던 그는 공장 밖 계단에 앉아 있었다. 나는 혼자 운전 중이었으므로 혹시 그가 필요하다면 태워주려고 차를 세웠다.

섬에 있을 때 나는 가끔 길 가는 이들을 내 차에 태운다. 그들은 언제나 할 이야기들이 있고, 함께 나눌 경험이 있고, 그리고 그것들은 내게 웃음을 준다. 그들을 태워주고 나면 나는 언제나 더 나은 인간이 된다.

"어디로 가세요?"
그렇게 묻긴 했지만 어쨌든 아모고스섬에는 길이 하나밖에 없다.

"카마리요."라고 그는 말한다.

생각했던 것보다 몸집이 조금 더 큰 그는 어렵사리 조수석에 앉는다. 그는 내가 생각했던 것보다 훨씬 더 피곤해 보인다. 잡담할 기분도 아닌 것 같다. 8시간 동안 노동한 후이니 잡담할 기분도 들지 않을 것이다. 차 안의 침묵은 안전벨트 경고음이 울리면서 깨진다.

"안전벨트 하셔야겠는데요."라고 나는 말한다.

그는 대답하지 않는다. 딩딩 소리는 더 크게 울린다. 몇 분 정도의 어색한 순간이 지나가고 경고음이 멎는다. 그리고 다시 침묵.

"이 부근에 사세요?"

"네."

"선생님은 카마리에 사세요?"

"네."

"겨울에도 섬에 사람이 많이 오나요?"

나의 이 질문에 비로소 그가 입을 연다. 그는 섬 주민 1,500여 명과 시내에 있는 학교, 섬의 모든 아이를 싣고 학교로 데려다주는 버스에 관해 이야기한다. 또 그가 일하고 있는 재활용품 공장 이야기를 한다. 몇 번 웃기까지 하면서.

나눔은 소중하다.

차 문이든 마음의 문이든 문을 열고 사람들이 들어오게 하라. 타인들과 연계하라. 사람 사이의 연결이 당신을 한 인간으로 만든다. 타인의, 특히 낯선 이의 얼굴에 떠오르는 미소를 보라. 정말 온 우주에 동이 트고 수평선이 아름답게 물드는 것 같지 않은가. 그리고 당신의 마음도 그렇게 물든다.

신경 과학은 우리가 '선행'이라고 부르는 친절함의 효과를 입증하고 있다. 그러므로 가까이 있는 사람을 배려할 필요가 있다. 그 특별한 사람을 놀라게 하고 낯선 이들에게 좋은 말을 하고, 도움이 필요한 사람을 도우라.

이 모든 친절한 행동들은 웰빙, 행복, 그리고 영감의 호르몬인 도파민을 만들어낸다. 당신이 스스로에게 매우 만족하면, 친구와 함께하는 한 사람으로서의 당신, 당신과 함께하는 당신 자신, 둘 다 매우 만족할 것이다. 타인과 함께하는 당신, 당신 자신과 함께하는 당신, 이 둘은 함께 가는 것이다.

그래서 나는 그의 집에 도착할 때까지 이 호감 가는 공장 직원이 아모고스섬에 대해 이야기하는 것을 듣는다. 그리고 작별 인사를 한다. 그러나 그는 가장 좋은 말을 마지막에 한다.

"신께서 당신과 함께하시기를, 친구!"라고 그는 말하고 차 문을
닫고 떠난다.

나는 차에 앉아 어깨에 꾸러미를 둘러매고 걸어가는 그가 내
시야에서 사라질 때까지 바라보았다. 눈물이 차올랐다.
감사의 눈물이었다.

낡은 나무 문이 있는 식당

나는 늘 점심때가 오면 배가 너무 고프다. 정오가 되기도 전이지만 내가 좋아하는 식당으로 가기 위해 속력을 낸다. 낡은 나무 문을 열고 들어가면, 식당엔 사람이 별로 많지 않다. 웨이터가 웃으며 나를 맞이한다. 나는 벽 옆, 내가 좋아하는 식탁에 가서 앉는다. 그리고 주위를 둘러본다.

창문 옆 식탁에서 50대 남자가 정신없이 수프를 먹고 있었다. 수프에만 온 정신이 빠져서 주위를 아랑곳하지 않는 듯했다. 빵과 숟가락만 수프에 적시는 게 아니라, 그의 존재 전체를 수프에 담그는 것 같았다.

밝은 빨간색 티셔츠만큼이나 젊어 보이는 쾌활한 70세 노인이 내 맞은편에 앉아 있었다. 그 노인의 얼굴에는 온 식당을 환하게 만들어줄 것 같은, 세월이 만든 지워지지 않는 미소가 새겨져 있었다. 그는 이 식당의 모든 웨이터를 다 알았고, 그들 각자에게 해줄 말이 있는 사람이었다. 식당 종업원들은 모두 그 노인이 앉은 테이블 주위에 벌통 주위의 벌들처럼 모여들었다. 렌틸콩 수프를 주문하는 노인의 얼굴에선 종업원들을 향한 웃음이 멈추지 않았다.

첫 데이트를 나가는 이처럼 그는 웃고 있었다. 잠시 후 친구처럼 보이는 두 사람이 들어와 늘 앉는 자리인 듯, 앞 테이블에 앉았다. 그들 역시, 모든 사람이 이 식당에 오는 이유처럼 맛있는 집밥 스타일의 음식을 먹을 수 있다는 기대에 들떠 매우 쾌활했다.

웨이터가 물어보지도 않고 두 잔의 맥주를 그들 앞에 내놓는 걸 보고 나는 놀랐다. 아마 그들이 오면 늘 그렇게 하는 모양이었다. 내가 이 식당을 좋아하는 이유는 지금 저 모습 같은, 진심에서 우러나는 5성급 호텔 서비스를 제공하는 곳이 이 식당이기 때문이다.

주문한 음식이 나와서 먹으면서 나는 계속해서 그들을 지켜보았다. 수프에 고개를 박고 있는 남자에서부터 영원한 틴에이저인 빨강 셔츠 노인, 맥주를 마시고 있는 두 친구 모두 내 마음을 따뜻하게 했다. 그들은 서로 모르는 사람들인데도 다 오랜 친구 같왔다.

우리의 테이블은 모두 한 줄에 있어서 나는 그들을 모두 볼 수 있었다. 어느 순간에 그들도 나를 보았다. 물론 수프에 다이빙 중인 남자는 제외하고. 우리는 서로 몇 번 보기만 했을 뿐 말 한마디 나누지 않았는데도, 그들은 모두 내게 의미 있는 사람들이 되었다.

서로 모르는 사람들이었지만 우리는 모두 함께 식사했다. 그것은 같은 테이블에 앉아 친구들이 숟가락 가득 음식을 떠서 먹는 것을 즐겁게 보는 것 같은 식사였다. 수프 다이버가 먼저 떠났다. 그다음에 두 친구가 주문한 음식이 맥주 한 잔씩을 더 해서 나왔다. 렌틸콩 수프를 시킨 틴에이저는 거의 식사가 끝나가고 있었다.

내가 두 번째로 떠났다. 식당의 낡은 나무문을 열기 전 나는 웨이터에게 안녕히 계세요, 라고 인사하고 같은 줄의 테이블에 앉아 식사했던 그들에게 무언의 작별 인사를 했다. 나는 아마 그들을 다시는 만날 수 없을지도 모르지만, 내 인생의 어느 순간 함께 했던 여기 몇 안 되는 그들이 그날 나를 진심으로 따뜻하게 했다는 것을 기억할 것이다. 아시겠지만 당신들도 인생에서 결코 잊지 못할 순간들이 모두 있지 않은가. 그날이 내게는 그랬다.

나는 창문 너머 그들을 마지막으로 한 번 더 봤다. 길로 조금 내려선 곳에서 수프 다이버는 버스를 기다리고 있었다. 나는 그에게도 무언의 작별 인사를 하고 차가 있는 쪽으로 갔다. 혼자 식사를 하러 나갔다가 우연히 친구들을 만난 것 같은 날이었다.

인생의 여정에서 친구들을 많이 사귀어라.

자책 골

나는 특별히 겨울이면 불리아그매니를 사랑한다. 이 아테네 해변 교외의 도시는 겨울이면 조금 덜 붐빈다. 그리고 도시의 색깔이 변한다. 신이 사진 쇼핑이라도 하듯 말이다. 하루는 하늘이 약간 회색을 띠다가, 다음 날엔 하늘이 조금 더 푸르고, 그다음엔 파도가 좀 더 하얗게 변한다.

그러나 이 풍경의 포토샵 프로그램은 소리와 냄새, 바람과 함께 변하면서 매번 다른 경험을 하게 해 준다. 가끔은 풍경 속에 사람도 침입하지만, 그 사람들도 우리에게 주어진 풍경처럼 주어진 것이라 받아들인다면, 여전히 그 풍경을 감상하는 데는 문제가 되지 않는다. 많은 다른 일이 그렇듯, 나는 이런 작은 침범에마저 짜증을 내곤 했다. 그러나 지금은 그냥 있는 그대로 보거나 가끔은 아주 자세히 관찰한다.

불리아그매니 중심가의 일요일 오후, 막 주차를 한 커플이 산책하기 위해 차에서 내리고 있다. 그들은 곧 짜증을 낸다. 그들이 의도한 바가 아니라 하더라도 일이란, 잘 모르겠지만, 아마도 습관대로 진행되니까. 마지막에는 별로 좋지 않은 이유로 짜증이 나게 되는 것이다.

운전석에서 빠져나오는 남자의 얼굴이 짜증으로 찌푸려져 있다. 쉿쉿 소리를 내며 "그 자식이 주차한 꼴을 좀 봐." 한다. 그의 여자 친구와 나는 그 '자식'이 주차한 '꼬락서니'를 본다. 우리는 둘 다 어리둥절해진다. 그 앞차는 쓰레기통 정면에서 살짝 비켜나서 주차되어 있다. 그래 뭐, 주차를 잘했다고까진 할 수 없지만, 괜찮아 보인다. 그런데 그 잘하지 못한 주차 솜씨보다 더 나쁜 것을 본 것이다. 그 '녀석'의 차가 차고 출구나 다른 차를 막고 있지도 않았는데 말이다.

뭐지? 나는 조금 더 생각하지만 거기까지가 사건의 전부다. 우리는 곧잘 열을 받는다. 전문가들은 그것—열 받는다는 것에 있어서의 열—을 에너지라고 부르는데, 그것은 당신이 가진 가장 중요한 힘이다. 그 에너지란 것은 당신의 건강보다 더 중요하다. 왜냐하면 에너지가 건강을 결정하기 때문이다. 우리가 통제할 수 있는 일들이 있고, 우리는 그런 일들에 에너지가 쓰이도록 지시해야 한다. 그러나 우리는 판단하고 뒷담화를 하면서 통제할 수 없는 일에 에너지를 낭비하는 쪽을 선택한다. 그게 잘못이다.

나는 걸으면서 그 커플에 대해 생각해 봤다. 그 남자는 이미 그날의 절반을 파괴한 거나 마찬가지가 돼 버렸고, 그래서 그 여자 친구도 그렇게 돼 버렸다. 그는 에너지를 낭비한 것이다. 그리고 그 남자처럼 쓸데없이 우리는 하루에 몇 번씩이나 에너지를 낭비하는가를 생각해 본다. 그가 만약 골키퍼라고 친다면, 그는 자신의 골대로 공을 차 넣은 셈이다.

그가 거울을 보면서, 쉿쉿 욕을 하면서, 스스로에게 "아이구 이 바보 좀 봐." 하는 날이 올 것이다.

부주의 때문에 우리는 공을 헛잡는다.

에너지를 잘못된 곳에 소비함으로써 우리는 유쾌함, 식욕, 그리고 우리의 삶, 즉 모든 것을 잃는 것이다. 그건 참 빌어먹을 만큼 부끄러운 일이다.

축구에서는 그걸 자책골이라 부른다.

인생이라는 예술

두 딸을 데리고 외출하기로 약속이 되어 있던 저녁이었다. 일상적인 것은 아니었다. 얼마 후 엄마와 아빠가 각자의 삶으로 돌아가는 시간이 되면 나와 함께 살지 않는 딸들은 엄마와 시간을 좀 더 보낸다. 우리도 그랬다. 한 가지 다른 점이 있었다면 막내가 배탈이 나서 이번엔 함께 오지 못했다는 것이다.

그래서 나는 큰 애만 픽업했다. 학기 중에 우리가 함께 있을 때는 할 일은 많고 시간은 적다. 여름에는 그래도 좀 여유가 있다. 딸과 나는 글리파다 교외의 바닷가를 산책하기로 했다. 계획하지 않았지만 발길 가는 대로 가기로 했다.

매일매일 아이들과 함께하지 않는 부모라면, 그들과 함께하는 매 순간, 심지어 매초 어떻게 해야 시간을 유용하게 쓸 수 있는지 배우게 된다. 가게 문이 열려있는 시간이었으므로 주차하기가 매우 어려웠다. 그래서 우리는 유료 주차장에 차를 대기로 했다. 처음 들어간 주차장은 차들이 꽉 들어차 있었고, 두 번째 들어간 곳은 1시간 반 후, 가게가 문 닫는 시간에 맞춰 닫는다고 했다.

우리는 계획을 세웠다. 주차장 직원이 주차장 밖에 주차 공간을 발견하면 거기에 차를 주차하고 자동차 키를 모종의 장소에 놓아두게 하면 어떨까 하는. 그리고 그가 어디에 주차했는지 알려줄 수 있도록 그에게 내 전화번호를 가르쳐주면 어떨까 하는 계획을 세웠다. 딸과 의논하고 난 뒤 우리는 그에게 그 괜찮은 방법을 가르쳐주었다. 그것이 그날 저녁에 우리가 한 첫 번째 성공적인 일이었다.

우리는 극장 쪽으로 갔다. 나는 딸의 가장 최근 관심사인, 어른들을 위한 영화인 원더 우먼을 보러 가지 않겠느냐고 했는데, 결과적으로 이 슈퍼히어로를 알게 됐다. 그러나 딸은 가지 않겠다고 했고, 나 역시 강요하지 않았다. 우리는 계속해서 아이스크림 가게로 걸어 내려갔다. 나는 아이스크림을 한두 스쿱 정도만 사자고 했지만, 도저히 딸을 이길 수는 없었다. 결국 우리는 라지 사이즈 크기의 아이스크림을 사 들고 한 달째 문을 열지 않고 있는 공원으로 갔다.

우리는 지난번에 한 것처럼 높다란 담장을 뛰어넘어볼까 생각했지만, 공원 경비원 때문에 그 생각은 접어야 했다.

아이스크림을 게걸스럽게 먹으며 우리는 다음 순서로 즐길 모험거리를 보았다. 글리파다 학교 운동장이었다. 몇몇 남자아이들이 공을 차고 있는 운동장으로 갔다. 우리는 몇 번, 그 공을 패스했을 뿐이었다.

어떤 사람들이 학교 건물로 들어가는 것을 따라 들어가며 먼 곳에서 들려오는 노랫소리를 들을 수 있었다. 학교 구석에 있는 교실에서 합창단 지휘자와 노인들로 구성된 합창팀이 노래 연습 중이었는데, 우리는 깜짝 놀랐다. 바이올린 소리도 들을 수 있었다. 그것은 정말 근사한 일이었다. 우리는 그것을 듣느라고 교실문 옆에 서 있었다.

얼마 있다가 합창단 지휘자는 거기 서 있는 우리를 잠깐 봤지만, 신경 쓰지 않았다. 그는 그냥 지휘를 계속했다. 제법 시간이 흐르고 나서 드디어 합창단 연습이 끝났다. 이런 일은 우리가 찾던 구경거리였다. 학교에서 느꼈던 그 감정은 우리에게 다시 활기를 찾아줄 만큼 근사한 것이었으므로 차 트렁크 안에 있는 딸의 스쿠터를 가져와야겠단 생각을 했다. 우리에게는 또 우리를 기다리고 있는 다른 즐거움이 있었던 것이다. 주차장으로 돌아갔을 때, 주차장 밖에 우리 차가 주차되어 있는 것을 보았다.

일석이조가 바로 이런 것일 거다. 우리는 자동차 열쇠도 찾고 스쿠터도 가져올 수 있었다.

진짜 만세다!

우리는 계속해서 아무 생각 없이 돌아다녔다. 나는 커피를 팔고 말린 과일과 견과류도 파는 가게에 불쑥 들어갔다. 망고 말린 것과 사과 말린 것을 조금 맛보았는데, 그 맛이 예술이었다. 집에 가져려고 두 봉지를 샀다. 그러나 딸은 별로 관심이 없었다.

"아빠, 난 말린 과일 안 먹잖아." 하고, 내가 먹어보라고 권하기도 전에 딱 잘라 말했다.

딸은 미안한 듯 웃으며 스쿠터 있는 데로 갔다. 내리막길에서 우리는 하마터면 두세 사람을 칠 뻔했다. 운 좋게도 그런 불행한 일은 일어나지 않았지만 대신 모든 보행자가 우리를 쳐다봤다.

그다음 우리가 도착한 곳은 자질구레한 수제 장식품을 파는 노점 앞이었다. 딸은 2유로짜리 녹색 피스타치오 폼폼 방울을 발견했다. 여동생이 그걸 좋아한다는 것을 잘 아는 큰딸은 여동생이 가장 좋아하는 색깔도 피스타치오 녹색이란 것을 알았다.

그것을 보자마자 큰딸은 얼굴이 환해졌다.

"아침에 일어나면 제일 먼저 볼 수 있도록 걔 침대 옆에 놔둘 거예요."

그리고 큰딸은 다시 행복하게 휘파람을 불며 스쿠터에 올랐다. 우리는 둘 다 소변이 마려웠는데, 조금 더 아래에 있는, 우리가 갔던 적이 있는 샌드위치 가게를 발견했다. 화장실을 쓰려고 물 한 병을 샀다.

여기서 우리는 화장실에 들어가기 전에 손을 씻던 어떤 남자가 누구인지 알 것 같았지만 확실히 누구인지 기억해내지 못했다.

그런 다음 우리는 딸이 좋아하는, 희귀한 레고를 파는 가게로 갔다. 물론 딸을 이 가게로 데려가면 돈을 좀 써야 할 거란 것을 알았지만 가게 문 닫을 시간도 가까워졌고 해서 나는 딸이 가자는 데에 동의했다.

우리가 가게에 도착했을 때 그 레고 애호가는 막 가게 문을 닫던 중이었다.

"안 됐구나, 얘야." 하고 내가 말했다.

딸은 알았다는 듯 웃으며 "괜찮아요, 에스컬레이터 타고 큰 장난감 가게로 가요." 하고 대답했다.

장난감 가게가 문 닫기 전에 도착하려고 서둘러 걸었다. 큰 가게는 조금 늦은 9시에 문을 닫기는 하지만 잘못하면 운 나쁘게도 제시간에 도착하지 못할 것을 알았다. 우리는 아슬아슬하게 거기 도착해서 곧장 레고 매장으로 갔다.

크고 인상적인 레고 세트를 가지고 둘이서 좀 놀았다. 나는 충동구매는 하지 않았다.

그러는 사이 우리가 초대했던 몇몇 친구들과 그 집 아이들이 못 오겠다는 전화를 해 왔다. 그들은 아무 생각 없이 발길 가는 대로 돌아다니는 우리와는 달리, 온갖 종류의 예정된 스케줄에 꼭 잡혀 있었던 것이다. 그래도 나는 좋았다. 왜냐하면, 그들이 못 온다는 건, 우리끼리 우리가 좋아하는 식당에 갈 수 있다는 것을 의미하기 때문이었다.

그래서 우리는 우리가 좋아하는 식당에 갔다. 은은한 조명이 기가 막히는 식당에서 우리는 여름의 첫 밤을 즐겼다. 식당은 꽉 들어찼지만, 그래도 우리는 2개의 의자가 있는 훌륭한 테이블을 차지할 수 있었다. 의자에 나란히 앉아 음료수와 우리가 제일 좋아하는 음식과 그냥 삶은 스파게티를 주문했다. 나는 딸과 함께하는 그 밤을 기념하려고 와인을 한 잔 마셨다.

우리는 수수께끼를 내고, 서로 짓궂은 장난도 치고, 햇빛 아래서 세상 모든 이야기도 하고, 그리고 많이 웃었다. 딸과 나는 서로에게 아주 만족하는 연인 같았다. 그런데 웨이터가 와서 저녁 내내 우리와 함께 다니며 쇼핑을 한 딸의 스쿠터가 식당 다른 쪽으로 미끄러져 내려갔다고 알려주었다.

우리는 킥킥대며 이번에는 좀 더 나은 곳에 스쿠터를 세웠다. 음식이 나왔을 때, 딸은 먹여달라고 했다. 옛날에 딸이 그랬다면 투덜댔을 텐데, 지금은 아니다. 지금 나는 이런 순간이 얼마나 소중한지 잘 알기 때문에 아이들이 자기들만의 마법의 길로 나를 데려가도록 허락한다.

음식값을 내고 난 후물론 신용카드의 비밀번호는 딸이 눌렀다, 딸은 마지막으로 한 가지 더 나에게 부탁할 것이 있다고 생각한 것 같다.

"아빠 일어나보세요!" 딸이 의미심장하게 말했다.

그건 내가 딸을 들어 올려서 내 어깨 위에 올려 달라는 뜻이었고, 딸은 내 머리를 자동차 핸들처럼 사용하겠다는 말이었다. 우리가 하곤 했던 바로 그 놀이였다. 차는 300야드 이상 떨어진 곳에 있고, 딸은 지금 65파운드나 나가지만 나는 딸이 원하는 놀이를 거절하지 않았다.

"절대 안 돼!" 하고 익살스럽게 말하면서 나는 딸을 와락 들어내 어깨 위에 올렸다. 딸은 마치 운전사가 말의 고삐를 잡는 것처럼 내 두 귀를 잡았다. 조금 아팠지만, 즐거움이 더 컸다. 한 손에는 스쿠터를 들고, 다른 한 손에는 쇼핑한 것을 들고 어깨 위에는 딸이 올라타 있는 우리의 모습은 제법 좋은 구경거리였을 것이다. 300야드는 끝없는 길처럼 보였다. 그러나 고맙게도, 경쾌하게 걷다가 내가 아래로 구르는 바람에 스쿠터는 내동댕이쳐지고, 물은 반병이나 쏟아지고, 피스타치오 폼폼과 딸이 원하지 않았던 말린 과일은 길에 온통 흩어져버려서 길을 걷는 내내 웃음이 끊이질 않았다.

딸이 웃으면 목덜미에서 딸의 배가 흔들리는 것이 느껴졌다. 온전한 기쁨의 300야드였다.

차에 가서는 별로 말을 하지 않았다. 그럴 필요도 없었다. 나는 딸을 엄마 집으로 데려다주었다. 엄마가 나오자 딸은 나를 꽉 껴안고 눈을 감은 채 몇 초 정도 그대로 서 있었다. 나는 딸에게 키스해 주고 딸이 걸어 들어가는 것을 지켜보았다. 집에 들어가기 전 바로 문 앞에서 딸은 돌아서서 기쁜 모습으로 마지막으로 나를 한 번 더 보았다.

그날은 내 생애 가장 행복한 날 중의 하루였다. 당신은 우리가 별 특별한 일도 하지 않았다고 말할 수 있겠지만, 나에게는 소중한 날이었다. 어떻게 살아야 하는가를 배우는 데에 긴 시간, 많은 일들, 큰 고통이 따랐다. 지금 나는 지금 같은 순간은 다시 오지 않는다는 것을 안다. 우리에게는 오직 '지금'이 있을 뿐이란 것을 안다.

감정이야말로 진실이다.

그것은 나의 유일한 보물이다.

나는 내 아이들과 세상 모든 아이를 그들의 모습 그대로 사랑하며, 그들은 자신의 모습 그대로 되는 것 외에는 어떤 다른 것도 할 필요가 없다는 것을 안다. 나는 지금 현재를 즐길 줄 안다. 세상에는 내일 내가 살아있을 것이라는 것을 보증해 줄 어떤 것도 없다.

그것은 그냥 어떤 짧은 저녁 시간이었을 뿐이다. 그러나 내게 그 짧은 저녁 시간은 한 생애였다.

삶에 감사하라.

작은 먹구름

자동차 안에, 지하철 안에, 거리에, 그들은 어디에나 있다. 태엽이 감긴 장난감처럼, 고개를 떨어뜨리고 눈은 내리깔고 손에는 핸드폰을 쥔 그들은 활기라곤 찾아볼 수 없는 모습으로 터벅터벅 걷고 있다. 좀 더 젊은 층은 이어폰을 끼고 있다. 그들은 방금 블랙미러 에피소드Black Mirror episode, 영국의 공상과학 드라마로 정치 풍자, 스릴러, 로맨틱 코미디 등 첨단 기술이 적용된 미래 세계의 암울함과 불행을 그렸다.에서 튀어나온 것 같다.

지하철에 있는 그들은 장례 행렬처럼 보인다. 그날이 마침 월요일이거나 날씨가 나쁘거나, 혹은 날씨 궂은 월요일이라면 더더욱 침울하다. 우연히라도 그들과 마주치게 된다면 당신은 곤란하게 될 것이다. 당신의 죽음, 나의 삶.

그렇다. 예외가 있다고 하지만, 거의 없는 편이다.

불행하게도 그런 이들로 말하자면, 모든 대도시에서 보이는 같은 모습이다. 눈은 핸드폰에 풀로 붙여 놓은 듯하고, 엄지손가락은 화면을 찌르듯 화면에 고정되어 있고, 거의 모든 귀는 이어폰으로 막혀있다. 그것은 작은 먹구름들의 행렬이 떠다니는 것이다.

당신들 각자는 세상 어디서든 당신들의 개보다 더 충성스러운 핸드폰을 따른다. 계단에서, 엘리베이터에서, 차에서. 높은 곳 어디쯤에서 작은 먹구름들이 모여 하나의 거대한, 칠흑 같은 먹구름이 된다. 그것을 감정의 스모그라고 부를 수 있다.

그리고 그것은 어떤 것보다도 더 중독성이 강하다. 책임은 핸드폰에만 있는 것이 아니다. 사람들이 스스로 중독을 점점 더해간다.

당신은 친구와 대화를 나누고 있고, 친구는 당신의 면전에서 휴대폰을 하고 있다. 이야기의 중요한 부분에서, 메시지는 미친 듯이 전송되고 있다. 당신은 친구의 모든 말에 매달릴지 모르지만, 친구의 마음은 그의 이메일에 있다. 당신도 다르지 않다. 비록 당신이 그것을 목과 어깨 사이에 끼우고 있지 않다고 해도 벌이 벌통 주위를 윙윙 날듯 당신도 그 주위를 윙윙대며 날고 있다.

당신은 친구와 저녁 외식을 나간다. 친구가 화장실을 가려고 일어선다. 그 저주받을 휴대폰에 손이 가는 것을 당신은 어쩔 수 없다. 그리고 당신은 언제나 그럴싸한 핑곗거리가 있다. "중요한 이메일을 기다리고 있어. 중요한 메시지, 중요한 전화를 기다리고 있어. 무슨 일인지 봐야 해." 빌어먹을. 당신은 중독되었다. 우리 대부분처럼. 그건 모든 중독 중에서 가장 사악한 중독이다.

그것만이 아니다. 그 중독은 일찌감치 시작되었다. 실제 요즘 아이들은 휴대폰과 함께 태어난다.

기술이 발달하면 할수록, 더 많은 게임과 더 많은 앱을 제공하면 할수록, 우리는 더 첨단 기술의 동굴로 가라앉게 된다.

타인에게 줄 수 있는 가장 큰 선물은 당신의 현재 존재이다. 당신이 거기 있을 때, 존재도 거기 있어야 한다.

그러므로 그 빌어먹을 것을 꺼버려라. 집에다 둬라. 그러면 당신의 인생이 바뀔 것이다. 친구의 생일에는 전화를 걸어라. 그냥 '생일 축하해'라고 인터넷에 글을 올릴 것이 아니라.

아침에 눈뜨면 당신의 파트너를 먼저 안아준 후 문자를 체크하라. 당신과 파트너 둘만 있을 때는 서로의 눈 속을 바라보라.

당신의 머리 위에 걸린 어떤 작은 먹구름도 없이.

엠마

일레니와 나는 몇 달은 아니라 해도 몇 주 동안 만나려고 노력했지만, 계속해서 서로 전화 연락이 엇갈렸다. 처음부터 나는 그녀의 비전에 감동하였다.

1년 전 그녀는 사람이 겪을 수 있는 최악의 경험을 했다. 24살 난 딸 엠마를 암으로 잃었던 것이다. 불행하게도 나는 낙천적이고 삶에 대한 욕구로 가득 찬 아름답고 활기 있으며 카리스마 넘치는 엠마를 만난 적이 없다.

엠마의 꿈은 암 환자들을 위해 보다 나은 삶을 만드는 것이었다. 음악인들, 화가들, 작가들, 그리고 다른 재능 있는 사람들이 병원의 암 환자들을 방문하게 하는 것이었다. 그래서 그들이 게임을 준비하고, 영화를 검토하고, 토론하면서 자신들의 재능을 암 환자들이 더 강하고 낙천적으로 되도록 돕는 데 쓰이게 하자는 것이었다.

긍정적인 마음가짐은 보다 나은 면역 시스템을 의미하기 때문에 여기서 암 환자들은 더 나은 테스트 결과를 얻을 수 있다. 그러므로 그들은 암 환자들에게 보다 나은 삶과 보다 나은 여생을 줄 수 있다.

마침내 어느 날 일레니와 나는 만났다. 군중 속에서 그녀를 알아보는 데 전혀 어려움이 없었다. 그녀는 우아했고, 검은색 드레스를 입은 품위 있는 여성이었다.

나는 딸의 죽음을 겪은 그녀가 허락하는 만큼 그녀의 웃음이 암시하는 바를 지금 이야기하려 한다. 그녀는 엠마의 꿈을 실현하기로 결심했다.

우리는 장시간 이야기를 나누었다. 그녀의 눈에서 불꽃이 튀었다. 비록 딸의 존재가 불타 사라졌다고 해도 일레니는 마지막 검불을 붙여 다시 불붙일 능력이 있는 사람이었다. 지금 딸과 엠마는 하나의 섬광 속에서 연합해 있어서 그 불꽃이 엠마의 것이었는지 일레니의 것이었는지 말할 수 없을지도 모른다.

"우리는 우리의 제안을 받아들여 준 병원에서 시작했답니다." 라고 그녀는 말했다.

특별한 사람들은 언제나 '우리', 그리고 '우리의'라고 말한다.
'나' 그리고 '나의'라고 말할 모든 이유가 있을 때에도

"병원에서 내어준 방 하나를 사용하게 되었죠. 우리의 아이디어는 곧 병원 프로그램의 일부분이 되었습니다. 출입구 경비원에서부터 마지막 간호사와 의사까지 모든 사람이 우리를 지지했습니다. 그래서 2주 후엔 모든 사람이 '함께 합시다' 프로젝트를 알게 되었습니다."

그러지 않아도 되는 모든 이유를 가지고 있어도 특별한 사람들은 언제나 활기차다.

"우리의 계획은 기다릴 수가 없는 것입니다."라고 그녀는 내게 말했다.

"우리는 이미 시작했지만, 프로젝트에 대한 소문을 퍼뜨려야 하고 당신이 도와주실 수 있으리라 생각합니다."

우리의 미팅은 한 시간 정도 이어졌다. 미팅이 끝났을 때, 나는 깊게 감명받았고, 타인도 도우면서 엠마의 희망이 실현될 수 있도록 돕겠다고 결심했다. 이 훌륭한 프로젝트를 통해, 비록 나는 엠마와 악수하는 영광을 가져 본 적은 없지만, 그 독특한 소녀를 알아가야겠다고 결심했다.

그녀의 이름은 엠마였다.

그녀의 이름은 지금도 살아있는 엠마다.

방정식

　가게에 들어서자마자 그 남자는 불평이 하고 싶어 근질근질해
했다. 나는 그의 자세에서 벌써 그것을 알아챘다고 할 수 있었다.
어깨는 축 늘어지고, 손은 호주머니에 찔러 넣고, 눈살은 찌푸려
졌고, 입술은 재채기라도 하듯 뒤로 당겨져 있었다. 그는 불평하
고 싶은 것을 억누르고 있었다.

　"이놈들 완전 바가지 씌우는 놈들이야. 내가 비행기 표에 700
유로를 냈는데, 그거 바꾸는 데 그놈들이 얼마를 받았는지 아세
요? 진짜, 얼마?"

　"글쎄, 나야 모르지."
　옆에 있던 다른 남자가 어깨를 으쓱하며 말했다.

"400!"

그는 다른 사람들이 들어주기를 희망하듯 주위를 둘러보았다. 순간 눈이 마주쳤지만 나는 얼른 시선을 돌렸다. 그것이 불평의 집중포화에 둘러싸인 내게 필요한 행동이었다.

"그래 내가 그랬지. '이봐요, 내가 지금 마지막 순간에 바꾸자는 것도 아니고, 한 달이나 전에 표를 바꾸는 건데 뭘 청구한다는 거죠?'"

그리고 그는 허공을 쳐다보았고, 당황해서 손바닥을 쳐들고서 자기가 무슨 별 도움이 안 되는 순교자처럼 움직였다.

나는 얼른 볼일을 끝내고 나왔다. 그러나 계속해서 이 사내가 얼마나 시간 낭비를 하고 있는가에 대해 생각했다. 엄청나게 낭비하는구나. 그는 표를 사기 전에 예약 규정을 알았으리라 생각한다. 그냥 그것에 대해 불평하고 싶었던 것이리라. 그게 아니었다면 다른 불평거리가 있었던 것이거나.

일을 하다 보면 당신이 통제할 수 있는 일이 있고, 통제 불가능한 일이 있다. 학교 다닐 때 배운 수학 방정식에는 알려진 변수가 있고 알려지지 않은 변수가 있다. 알려진 변수는 주어진 것이다. 말도 그렇다. 당신이 해야 하는 것은 알려지지 않은 변수가 무엇인지를 찾아내는 것이다.

거짓말쟁이는 거짓말을 할 것이고, 멍청이는 바보 같은 말을 할 것이다. 아침 시간에는 러시아워의 교통 체증이 있고, 여름에는 더워진다. 이것들은 주어진 것이다. 그러면 당신은 거짓말, 우둔함, 교통 체증, 더위, 그리고 알려지지 않은 변수를 어떻게 다룰 것인가. 그게 당신이 할 일인 것이다.

뿌리 깊은 나무에 아무리 힘을 준들, 나무는 꿈쩍도 하지 않는다. 그런 짓은 당신의 에너지를 낭비하는 것이고 기분도 안 좋아지게 된다.

우리는 우리가 통제할 수 없는 일을 걱정한다.
그러다 보면 결국에는 살아갈 힘조차 없어진다.

어떤 사람들은 자신이 통제할 수 없는 일에 에너지를 쏟느라고 기진맥진해서 열 받고 고통받는다. 그들이 하는 일은 목적지로 가지도 못하고 그냥 제자리에서 뱅뱅 돌며 운전하느라 연료를 다 써버리는 어리석은 운전사와 같다.

그러니 이제 당신에게 주어진 것이 무엇이고 당신이 찾아내어야 할 감추어진 변수가 무엇인지 알고 어떤 일이든 시작하라.

그날 가게에서의 일은, 오만상 찌푸린 그 사내는 내게 주어진 것이었고, 나로서는 빨리 그런 사람을 피해 가게를 빠져나오는 것이 감추어진 변수였다.

나는 아직도 그런 일이 있으면 얼른 그 자리를 뜬다.

왜 어떤 사람들은 성공할까?

수요일 오후 나는 중앙 수산 시장에 있었다. 나는 생선 장수들이 물건 파는 소리를 듣고 거기서 나는 온갖 냄새들을 맡으며 이리저리 어슬렁거리고 있었다. 생선 장수들은 내가 거기에 쇼핑을 하러 온 것이 아니란 것을 알고 그냥 내버려 둔다. 아무 생각 없이 어떤 노점 앞에서 멈춰 섰다.

어시장 상점들은 모두 같다고 나는 생각한다. 그러나 이 노점에는 눈에 띄는 한 가지가 있다. 나는 어릴 때 했던 '무엇이 다른가' 퀴즈를 풀 때처럼 다른 점을 찾기로 한다.

첫째, 생선들이 보기 좋게 나란히 진열돼 있다. 둘째, 얼음이 지금 막 내린 눈처럼 더 희고 부드럽다. 셋째, 판매대가 반짝일 만큼 깨끗해서 병원 수술실이라 해도 되겠다. 넷째, 여기 있는 모든 사람이 바쁘다.

그리고 그들은 웃고 있다. 내가 이런 생각을 막 끝내고 있을 때 거기 책임자인 여자가 눈에 들어왔다.

지금까지 4시간은 족히 시장 복판에 서 있었을 텐데도 얼룩 하나 없는 산뜻하게 풀 먹인 앞치마를 두르고 있는, 40대 정도로 보이는 여자다.

그녀가 신고 있는 가죽 장화는 반짝일 정도로 깨끗하다. 머리는 무슨 행사에라도 참석하는가 싶을 정도로 잘 정리되어 있다. 종이를 말아 쥔 채 주문받을 준비가 다 되어 있는 그녀는 다른 노점상들처럼 고함도 지르지 않는데도, 그 풍경을 완전히 파악하고 있다.

어떤 사람들은 성공을 선택한다. 성공은 날마다의 사소한 습관에서 비롯된다. 성공적인 사람들은 자기 아이들을 만나든 미국의 대통령을 만나든 약속 시각 5분 전에 약속 장소에 도착한다. 그들은 타인을 기다리게 하는 것보다 자신이 기다리는 쪽을 선호한다.

그들은 전날 밤에 반드시 핸드폰 배터리를 충전하기 때문에 그들의 핸드폰 배터리는 절대 죽지 않는다. 만약 그들이 장사를 한다면, 그들 가게에서는 절대로 동전이 떨어지는 법이 없다. 그들은 첫째로는 자신을 존중하고 두 번째로는 법을 준수하는 사람들이기 때문에 적색 신호등에서는 반드시 차를 멈추는 사람들이다.

당신은 그런 사람들이 길을 걸어가면서 샌드위치를 게걸스럽게 먹는 것을 결코 볼 수 없을 것이다. 그런 사람들은 적어도 5분 정도는 테이블에 앉아서 샌드위치를 먹으며 스스로를 배려하는 사람들이다.

지하철에서도 당신은 그런 사람들이 그들 자신은 물론 누구도 성가시게 하지 않으면서 책을 읽는 것을 보게 될 것이다. 그런 사람들이 시간이 없다고 불평하는 것도 결코 듣지 못할 것이다. 왜냐하면 그런 사람들은 모든 일에 적절히 시간을 할애하는 사람들이기 때문이다. 그리고 그런 사람들이 일도 많이 한다.

이런 사람들은 그들의 삶이 그들을 사는 것이 아니라 그들 스스로 자신의 삶을 산다. 삶의 기술을 배운 사람들인 것이다. 그들은 먼저 듣고 나중에 말하는 사람들이다. 그들은 불평하지 않고 실천한다. 판단하지 않고 관찰한다. 그들은 고객이나 직원이 행복하면 자신들이 더 행복해지는 사람들이다. 진심으로 타인을 배려한다. 그러나 가장 먼저, 그들은 자신을 배려하는 사람들이다. 그들의 웃는 얼굴이 그걸 말해준다. 그들은 자신의 일을 사랑한다. 그들은 가진 것에 만족하기 때문에 자신들이 원하는 것을 가진 사람들이다. 그들은 어떻게 목소리를 높이지 않고 'no'라고 말해야 하는지를 안다. 그들은 자신들의 직업을 세상에서 가장 중요하게 생각하는 사람들이다.

이런 사람들은 먼저 그들 스스로에게 높은 기대감을 가진다.
그리고 난 후 다른 사람들에게 기대감을 가진다.

그들은 산만하지 않고 자신들의 목표에 집중한다. 그들은 당신의 하루를 기쁘게 만드는 사람들인데, 그들이 그럴 수 있는 것은 남을 기쁘게 하기 전에 먼저 그들 자신의 하루를 기쁘게 만들었기 때문이다. 그들은 자신을 지나치게 심각하게 생각하지 않는다. 그들은 많은 것을 알지만, 무엇보다 그들은 자기들이 모든 것을 알지 못한다는 것을 안다. 이런 사람들은 실패했을 때조차도 성공하는 사람들이다. 이런 사람들은 언제나 단순하게 성공한다. 왜냐하면 그들이 스스로 결정했기 때문이다.

풀 먹인 앞치마에 반짝이는 가죽 장화의 그 노점 여인처럼.

행복

　가끔 뭔가가 탁, 걸리는 것을 느낄 때가 있다. 특별히 전문가가 '당신이 지금 그렇다'라고 하면 정말 뭐가 탁, 걸리는 느낌이 든다.

　내 머릿속을 탁, 하고 친 것은 TED 토크스미국의 비영리 재단에서 운영하는 강연회로 기술, 오락, 디자인, 과학, 국제적인 이슈까지 다양한 주제로 열린다. 강연회 시간은 18분 이내이다. 연사 댄 길버트였다. 그는 행복의 과학이라는 연설에서 두 남자를 예로 들었다. 한 남자는 백만 달러 복권 당첨자였고, 한 남자는 사고로 하반신이 마비된 남자였다.

　일 년 뒤 연구원들은 두 남자를 다시 방문한다. 누가 더 행복할까? 복권 당첨자일 것이다. 그렇지 않은가?

　그런데 틀렸다. 그들은 똑같이 행복했다. 부의 새로움은 정말 빨리 낡아간다. 부자 남자는 이제 그가 얻은 복권 당첨금을 당연한 것으로 받아들인다. 장애인이 된 남자에게도 똑같은 방식이 적용된다. 그는 이제 자신의 장애와 함께 사는 법을 배운다. 물론 장애가 좋을 리는 없다. 그러나 점점 장애에 익숙해진다.

우리가 사는 이유는 행복을 추구하기 위해서다. 어떤 영감도 행복이 없이는 일어나지 않는다. 당신의 일, 취미, 심지어 건강도 그렇다. 행복 없이는 어떤 것도 의미가 없다.

우리는 앉아서 행복이 문을 두드려주길 기다린다. 그러나 기쁜 마음으로 봉사하는 배달 소년이 도착할 때면 우리는 자신만의 작은 세계 안에서 길을 잃었기 때문에 초인종 소리를 듣지 못한다.

그러나 행복은 바로 여기에 있다. 우리는 그곳에 없는 사람들이다. 기쁨은 당신이 아침에 일어날 때에도, 두 다리로 걸을 때에도, 찬물로 샤워하며 잠을 깰 때도, 마지막 남은 한 조각의 빵에도, 시동이 걸리는 차에도, 햇빛 속에도, 그리고 힘든 하루를 끝낸 당신을 기다리는 따뜻한 침대에도 있다.

행복은 무언가 실제로 일어나는 것이 아니다. 행복은 당신이 행복을 보기 위해, 즐기기 위해, 당신을 기쁘게 하도록 허락하기 위해 끼는 안경이다. 만약 당신이 바른 안경을 끼고 있지 않다면, 새것이 필요하다. 그 안경은 무료다.

행복은 빵과 같은 것이다. 빵 굽는 법을 배워라.
그리고 빵을 구울 때 창문을 열어둬라.

창문을 연 채로 그냥 둬라. 그래서 온 이웃이 향기를 맡을 수 있도록. 그리고 신선한 빵을 매일매일 구워라.

빵은 빨리 상한다.

용기 있는 행동

나는 세계적인 영감을 주는 강사이자 『페라리를 팔았던 수도사 The Monk Who Sold His Ferrari, 비즈니스 우화로 1999년 출판돼 300만 부가 팔린 베스트셀러』의 저자인 로빈 샤르마의 프레젠테이션에 참여하기 위해 캐나다에 왔다. 그는 내 삶에 깊은 영향을 끼친 사람이다.

토론토에서 내가 해 보고 싶은 일의 리스트 중에는 서반구에서 가장 높은 빌딩이자 랜드마크인 CN 타워를 방문하는 것도 있었다. 거기서는 장비를 이용해 레일에 부착된 상태에서 타워의 메인 포드를 둘러싸고 있는 1,168피트 높이의 난간을 손을 놓고 산책하는 '엣지 워크'를 할 수 있다는 것을 읽은 적이 있다.

자라면서 나는 언제나 무서워했던 기억이 있다. 교실에서 손을 드는 것도 무서웠고, 누구한테 'no'라고 하는 것도, 내가 원하는 일을 하는 것도, 그리고 나 자신을 옹호하는 것도 무서웠다. 물론 나는 결코 튀는 행동을 하거나 소란스럽지 않았다. 거기다가 고소공포증까지 있었다.

엣지 워크를 할 것인지 말 것인지 결정도 하지 않고 나는 타워를 방문했다. 거기 가서 결정하면 되겠지, 라고 생각했다. 예약 카운터로 가니 직원 아가씨가 엣지 워크를 하기로 결심하는 데 도움이 될 거라며 비디오를 보라고 했다. 그건 별로 도움이 되지 않았다.

그곳 경관은 진짜 무서웠다. 비디오를 보고 또 보았으나 결정을 하지 못했다. 내게 공포는 내 삶의 일부가 되었고, 고통도 그에 따라 내 삶의 일부가 되었다.

그러나 나는 이 두려움에도 진절머리를 냈고, 그런 나 자신에게도 진절머리 났다. 그리고는 갑작스럽게 엣지 워크를 하기로 결정했다. 나는 특별한 유니폼과 안전 장비를 착용하는 방으로 갔다.

세 사람이 120층에 올라가니 가이드가 나에게 제일 먼저 밖의 난간으로 나가라고 했다. 난간에는 바람이 미친 듯이 불고 있었고 나는 공포에 사로잡혔다. 그러나 나는 점차 적응되면서 조금 편안해지기 시작했다. 우리 세 사람은 난간 위에서 30분 정도 있었는데, 나중에는 나는 그것을 즐기게 되었다. 내가 그 무서운 엣지 워크를 즐기게 되리라곤 정말 기대조차 하지 않았는데 말이다.

나는 오랫동안 나 자신에게 이런 작지만, 용기 있는 행동을 하지 못해 빚을 지고 있었다. 그것은 나 자신을 만들기 위해 큰 고통을 겪어온 감방의 문을 여는 것과 같았는데, 나는 최종적으로 그 감방을 영원히 탈출했다.

이런 일 앞에서 나는 물러서지 않았다.
슬금슬금 도망치지도 않았다.

다행스럽게도, 많은 세월이 흐른 뒤 나는 두려움 때문에 도망치지 않고, 거센 바람이 불어도 앞으로 나아가는 법을 배웠다. 나는 그 교훈을 충분히 이해했다.

당신의 용기 있는 행동은 등록해 놓은 헬스장에 미루다가 미루다가 마침내 가는 것이거나, 사랑하는 친구에게 전화를 하는 것이거나, 서랍 속에서 먼지 구덩이에 싸인 채 미뤄져 있던 프로젝트를 마치는 것일 수도 있다.

아마도 그 용기 있는 행동은 당신이 살지 않고 있는 삶일 수 있다. 모르겠다, 그러나 결국에는 당신의 용기 있는 행동은 당신의 일이지, 그 어떤 것도 나와는 상관없는 일이다.

용기 있는 행동이 무엇인지는 오직 당신만이 안다.

당신만이 할 수 있다.

바로 오늘. 내일이 아니라.

사랑한다, 사랑한다

일리아스라는 이름의 친구가 있다. 그는 정말 드문 종류의 사람이다. 진정한 전사다. 그는 어떤 일을 처음부터 다시 시작해야 할 때 두 번 생각하지 않는 사람이다. 왜냐하면 어떤 장애물도 그에게는 그다지 큰 것이 아니기 때문이다.

그는 강하지만 조용한 사람이다. 그냥 그를 보기만 해도 영광스럽게 느껴지는 그런 사람이다. 우리는 일 년에 두세 번 정도 만나는데, 그 몇 번 안 되는 만남에서도 우리는 모든 것을 나눈다. 껴안아 주고, 건강하게 웃고, 서로의 존재를 즐긴다. 어느 한쪽이 행복하면 서로 진심으로 즐거워하고, 슬프면 서로 위로한다.

그의 생일에 전화를 몇 번 했다. 세 번째 전화했을 때 가까스로 통화가 되었는데 그는 내가 전화해 준 것을 정말 기뻐했다. 감정이란 가끔 전화기를 통해서도, 또는 웃음이나 몸짓, 익살맞은 행동을 통해서도 전달이 될 만큼 강렬하다. 우리가 통화했을 때도 그랬다. 통화는 5분을 넘지 않았었고, 우리는 여섯 달이나 이야기하지 않았는데도, 그 5분 동안에 안부도 전하고 우리 사이에 필요한 모든 것을 다 느꼈다.

우리는 2주 뒤에 만나기로 했다. 그러나 그 모든 안부 뒤에 그는 가장 듣기 좋은 말을 마지막에 했다.

"이봐 스테파노, 나 자네를 사랑하네. 이 사람아⋯."

순간 아찔해져서 어찌해야 할지를 몰랐다. 숨이 막힐 듯했다. 내가 뭐라고 대답했는지 모르겠다. 기쁨의 쓰나미가 나를 휩쓸고 지나간 것 같았다.

일반적으로 사람들은 자신들이 어떻게 느끼는가를 잘 이야기하지 않는다. 그러나 우리가 느끼는 것이 우리가 사는 목적이다. 우리의 느낌이 우리를 인간으로 만든다. 911 사태 때 뉴욕 트레이드 센터 쌍둥이 빌딩에 갇혔던 사람들이 마지막으로 한 것이 사랑하는 사람들에게 전화해서 내가 얼마나 당신을 사랑하는가를 이야기한 것이다. 그게 이 세상에서의 그들의 마지막 말이었다.

우리는 마지막에 가서야 사랑한다고 말한다. 사랑한다는 말을 하는 것에 인색하거나 그런 말을 쓰는 것을 두려워하거나, 아니면

쓰지 않는다. 특히 남자들의 경우 더욱더 그렇다. 우리 남자들은 약하게 보이는 것을 두려워하거나, 다정하게 보이는 것을 두려워하지만 인생은 사실 그런 게 전부다.

교통사고로 아들을 잃은 어떤 남자가 추도사에서 그것을 남김없이 말했다.

"우리는 언제나 내일이 있다는 믿음으로 실수를 저지릅니다. 그러나 가끔 내일은 오지 않습니다. 그리고 그때 가서야 우리는 우리가 말하지 않고 하지 않은 모든 것들에 대해 후회합니다. 아들아, 내가 너에게 사랑한다고 마지막으로 말한 것은 나의 생일을 축하하기 위해서 네가 내게 전화했을 때란다. 나는 그 일을 아직도 기억하고 있고, 앞으로도 늘 기억할 거야. 네가 '아빠, 저도 아빠를 사랑해요.' 하고 대답했을 때 얼마나 행복했는지, 그때 이후로는 너를 사랑한다는 말을 한 번도 한 적이 없구나."

친구여, 자, 오늘 당장 가서 당신이 "사랑해요.", 한 번이 아니고 수없이 말해야 할 "사랑해요."를 말하라. 그 말을 해 줄 필요가 있는 사람에게 말하라. 그리고 그 말을 쓰는 것을 너무 심각하게 생각하지는 말기를.

삶은 숨 한 번 쉬는 것이다.
가끔 내일은 다시는 오지 않는다.

굉장해!

뭔가 좋아하는 것을 묘사하고자 할 때 나는 습관적으로 굉장해!라고 말하곤 한다. 습관적인 것 외에도 다른 사람들도 '굉장해!'라고 말하는 것을 듣곤 했기 때문이다.

나의 멘토 안토니스의 워크숍에 처음 갔을 때다. 거기서 나는 아무도 '굉장해'나 '놀랍다' 같은 말을 듣지 못했다는 것을 알았다. 그런 말들을 사용하지 말라는 금지령이라도 내린 듯했다. 그러나 그들은 "뛰어나.", "훌륭해.", "놀랍다." 같은 말들을 사용했다. 나는 계속해서 "이거 굉장하군.", "저게 굉장해."라고 똑같은 톤으로 거의 노래 부르다시피 했다.

그러고 있는데 한 친구가 나를 한편으로 잡아끌더니 비밀을 말해주었다.

"우리는 말이야, 굉장해! 같은 말을 여기선 잘 사용하지 않는다네."

그는 내가 반감을 품지 않을 만큼 조심스럽고 신중하게 말하긴 했지만, 내가 잊어버리지 않을 만큼 단단히 일러주었다.

"왜지?"

"'굉장해terrific'라는 말은 '두려움terror'에서 유래된 말이거든. '놀라운Incredible'이란 말은 못 믿겠다는, 신뢰하지 못하겠다는 말이고. 우린 긍정적인 무언가를 묘사하면서 부정적인 말을 쓰는 걸 피하고자 한다네."라고 그는 설명했다.

"자네가 만약 한 움큼의 씨를 뿌린다고 가정해 보시게나. 자네는 씨를 뿌리면서 그 씨가 기생충이 판치는 데서 자라길 원하나?"

"아니".

이로써 나는 교훈을 얻었다. 말이 인생을 만드는 것이다. 그러니 말을 현명하게 사용하라. 말과 인생은 닭이 먼저냐 계란이 먼저냐 하는 것과 같다. 당신의 인생이 당신의 말을 만들고 당신의 말이 당신의 인생을 만드는 것이다.

당신이 사용하는 어휘 속에서 한 단어만 바꾸어도
당신의 전 생애가 바뀔 수 있다.

누가 당신에게 요즘 어떠냐고 묻거든 제발 이런 식으로 대답하지 말라.

"정신 하나도 없게 바쁘네…."

뭐라도 긍정적으로 말하라.

시갈라스와 오세올라

나는 그의 말 한마디 한마디에 귀를 기울인다. 그는 독특하게 지혜롭고 조용한 사람이어서 나는 그의 모든 말을 이해하려고 애쓴다. 이집트 알렉산드리아에서 온 80세 된 모하메드는 내 스쿼시 코치이자 인생의 코치이기도 하다.

나는 그가 1950년대의 알렉산드리아에 관해 이야기하는 것을 좋아한다. 그는 대학에서 농구선수로 뛰었고, 나와 지칠 줄 모르게 스쿼시를 하는 다른 친구들에게 진정한 스포츠 정신을 전해준 사람이다.

어느 날 모하메드는 알렉산드리아에서 그가 경기를 같이하곤 했던 그리스 팀을 후원한 스폰서에 대해 이야기해주었다. 선수들은 미스터 시갈라스라는 그 스폰서에 대해 듣기는 했지만 한 번도 본 적은 없었다고 한다. 선수들은 그냥 그를 성공한 그리스 재벌 정도로만 추측했다고 한다.

어느 날 미스터 시갈라스가 선수들이 연습을 끝내고 막 연습장을 나가려 할 때 왔다고 한다. 그는 조심스럽고 겸손한 사람처럼 보였다. 한 선수가 코치에게 미스터 시갈라스는 무얼 하는 사람인가 물었다. 코치는 "그는 우체국 사무원이다."라고 대답했다.

시갈라스 씨는 농구팀의 선수들을 도와주기 위해서 근검절약했던 사람이었다.

부는 소유가 아니다.
부는 베풂이다.

나눔은 근사한 것이다. 우리가 행복해질 수 있는 유일한 길이다. 어디든 당신이 가는 그곳에서 무엇이든 나누시라. 한 송이 꽃이든, 한 권의 책이든 한 번의 포옹이든, 한마디 좋은 말이든, 소망이든. 당신이 발견한 세상보다 이 세상을 더 좋은 곳으로 만들어 물려줘라.

당신은 타인과 나누라고, 타인을 돕고, 사랑하라고 이 세상에 왔다. 죽음에 이르러 당신은 얼마나 많은 돈을 벌었는가를 생각하지 않을 것이다. 얼마나 사랑하고 사랑받았나를 생각할 것이다. 그것이야말로 유일하게 가치 있는 일이다.

미시시피 출신의 오세올라 맥카티라는 여성이 있었다. 아무도 그녀를 몰랐지만, 그녀는 빌 클린턴 대통령으로부터 훌륭한 시민상을 받았다. 이 아프리카계 미국인인 세탁부 여인은 자녀도 없었고, 손이 닳도록 일을 해서 번 돈을 은행에 저금했다. 어느 날 그녀가 은행에 갔더니 출납계 직원이 그녀에게 말하는 것이었다.

"오세올라, 당신이 얼마나 많은 돈을 모았는지 아세요?"

"얼만데요?"

"25만 달러요! 당신은 아주 부자군요."라고 직원이 말했다.

오세올라는 그 돈이 얼마나 큰 것인지 이해가 되지 않았다. 출납계 직원은 그녀의 이해를 돕기 위해서 10센트짜리 동전 10개를 카운터 위에 늘어놓았다.

"이 돈이 당신이 모은 돈이라 치고, 어떻게 이 돈을 쓸 겁니까?"

그녀는 잠시 생각하더니 이렇게 말했다.

"10센트는 교회를 위해, 내 세 조카에게 각각 10센트씩 나누어 주고요, 그리고 남은 60센트는 조금 생각해 보죠."

며칠 뒤 오세올라는 절뚝거리며 남 미시시피 대학에 가서 학장을 만났다. 그녀는 학장에게 15만 달러짜리 수표를 건넸다.

"대학에 가고 싶어 하지만 돈이 없어 못 가는 흑인 아이들을 위해서 써 주세요."라고 그녀는 웃으며 말했다.

그런 일이 바로 당신이 여기, 이 땅에 존재하는 이유다.

스파게티 조리법

먼저 물이 필요하다. 물은 중요한 것이다. 우리 신체의 60%가 물로 되어 있다. 심장을 펌프질하고, 몸을 씻어내고, 체중을 조절하며, 피부를 빛나게 한다.

또 물은 두뇌를 위한 연료라고 불린다. 물을 마시면 두뇌의 능률을 30%까지 증진할 수 있다는 글을 읽고 놀란 적이 있다. 그때부터 나는 물을 많이 마시기 시작했다.

스파게티를 만드는 데 있어서 물이 충분하지 않으면 면이 서로 떡이 되도록 들러붙고, 물이 전혀 없이는 솥을 다 태운다. 그다음으로는 약간의 소금이 필요하다. 소금 없이 만든 스파게티는 못 먹을 것이다. 인생에 있어서의 소금이란 도파민이다. 도파민은 행복의 기본적인 원료다.

물과 소금은 사람들에게 기쁨과 행복감을 준다. 신체적인 웰빙과 정신적인 웰빙을 같이 제공하는 것이다. 그러면 당신은 그것을 어디에서 찾을 수 있는가? 모든 선행, 당신이 하찮다고 생각하는 선행까지, 모든 선행을 행할 때 찾을 수 있다. 쓰레기를 줍는다든가, 손님에게 문을 열어준다든가, 친구에게 음료수 한 잔을 사 주는 일, 필요할 때 가족을 기쁨으로 깜짝 놀라게 하거나 돕는 일들이 그런 일들이다.

사람들이 좋은 것을 서로 나누거나 옳은 일을 할 때, 신체는 많은 양의 도파민을 분비한다. 그러니 좋은 일을 하는 사람들을 경멸하거나 그들이 하는 일에 콧방귀를 뀌어서는 안 될 일이다. 그들은 현명한 것이다. 좋은 일을 한다는 것은 말은 쉽지만, 당신이 생각하는 만큼 쉬운 것은 아니다.

스파게티를 요리할 때 물, 소금 다음으로 약간의 버터를 넣는 것을 잊지 말아야 한다. 당신의 인생도 약간의 버터가 필요하다. 삶에 버터 구실을 하는 것은 엔도르핀이라 불리는 호르몬인데, 운동 경기를 하거나 가벼운 운동을 할 때 생성되는 것이다. 엔도르핀은 뇌의 신경 가소성과 학습 능력을 올리고, 학습된 정보를 잊지 않게 하는 능력, 결정하는 능력을 향상한다고 한다.

엔도르핀은 천연 항우울증제라고 불린다.

만약 스파게티와 함께 미트볼을 먹고 싶다면 냉장고에서 다진 고기도 미리 꺼내놓는 것을 잊지 마라.

훌륭한 요리사가 요리할 때처럼, 계획을 미리 세워라.

그러나 사람들은 기본적인 재료를 잊어버린 것 같다. 스파게티! 삶에 있어서 그 기본적인 재료란 행동하는 것이고, 그것이 바로 가장 주된 재료다. 사람들이 이야기하고, 판단하고 불평하는 것을 듣지만 정작 행동하는 사람은 소수이다. 큰 힘도 들지 않는 하찮고 가치 없는 일에 꿈을 팔아치우는 많은 사람을 본다.

리모컨을 쥐고 소파에 파묻혀있는 것은 안락하지만, 지나친 안락에의 추구는 당신과 당신의 꿈을 죽이는 일이다. 행동한다는 것은 일찍 일어나 당신의 하루를 계획하고 정돈하는 일이다. 행동하는 것이란 설사 기대에 못 미치는 월급을 받는다 하더라도 당신의 모든 것을 당신의 일에 쏟아붓는 것이다. 행동하는 것이란 불평하는 대신 무언가를 하는 것이다. 자, 그러니 이제 입을 닫고 움직여라. 그 모든 것은 당신 하기 나름이다. 요리사가 조리법을 운용하지 못한다는 말을 들은 적이 있다면, 그건 당신이 속은 것이다.

한 농부가 정원에서 햇볕을 쬐고 있었다. 그의 아내가 와서 무얼 하고 있는지 물었다.

"곡식이 자라기를 기다리지." 하고 그가 말한다.

"당신은 밭을 갈지도 않고 씨도 뿌리지 않았잖아요." 하고 아내가 대꾸한다.

"신경 꺼." 그는 말한다.

"곡식은 자랄 거야."라고.

대부분의 사람은 이 농부 같다. 우리는 일이 저절로 해결될 것이라 생각하는 경향이 있다.

63

뭐 어쨌거나…

나는 두 줄의 계산대 줄 중 하나에 서 있었다. 한 쾌활한 젊은
이가 다른 줄 앞에 서 있었는데, 그는 계산대 점원과 신나게 이야
기를 하고 있었다.

어느 순간 한두 마디를 못 들었는데, 점원이 그에게 뭐라고 하
자 그가 "뭐 어쨌거나…." 하며 실망스럽게 투덜거리는 것을 들었
다. 그 말 한 마디로 그가 순식간에 전혀 다른 사람으로 변해버린
것 같았다. 목소리는 높낮이도 없어 기운이 없어져 버린 사람 같
았다. 그 한 마디로 그의 자세까지 달라졌다. 어깨는 앞으로 구부
정하게 처졌고, 고개를 늘어뜨리고, 손은 주머니에 들어가 있었
다. 그가 불쌍한 영혼으로 변모한 것은 정말 한순간에 일어났다.

나는 좀 화가 났다. 비록 의도하지 않았다고 해도 우리가 우리

자신에게 하는 일이 어떤 것인지를 보았다. 대부분의 경우, 우리는 무심코 하는 일이 자신에게 얼마나 큰 피해를 끼치는지 깨닫지 못한다.

나는 스스로도 어찌할 수 없는, 내게는 최악의 적인 이 무력함이라는 병에 걸리지 않기를 바란다. 이 병의 증상은 "할 말 없어.", "누가 신경 쓴다고?", "뭐 어쨌거나.", "그걸 일이라고.", "엿 먹어라." 같은 말을 자주 쓴다는 것이다. 이런 증상은 당신의 에너지를 갉아먹고, 당신의 낙천성, 정신, 꿈을 갉아먹다가 급기야 당신의 생명까지 다 빨아먹는다.

일상에서 저지르는 몇 안 되는, 명백히 작은 실수라 해도 길게 보면 재앙을 불러온다.

당신은 담배를 피운다한 개비의 담배가 나를 죽이진 않아. 맞지?. 정크 푸드를 먹는다나초 한 봉지가 뭐가 그리 유해하다고. 티브이 앞에 웅크리고 앉아 꿈쩍 않는다난 좀 쉬어야 해. 그렇지 않아?. 다이어트?월요일부터 하지 뭐. 독서?지금 너무 바빠. 애들하고 이야기하는 시간을 가져야 한다고?내일 할 거야. 꿈을 성취하기 위한 프로젝트?이 불경기부터 극복하자. 등이 있다.

세상에는 모든 종류의 병이 있다. 한 가지 확실한 것은, 당신이 자신을 돌보지 않으면 병에 걸린다는 것이다.

나는 그 점원이 그 젊은이를 힘 빠지게 하기 위해 뭐라고 했는지는 모른다. 그러나 이건 말할 수 있다. 하루에 한 번씩 "뭐 어쨌거나."라는 말을 쓴다면 당신 인생도 '뭐 어쨌거나 사라질 것'이다.

아래의 문장을 읽고 나서 나는 그 문장이 현명하다고 생각했다.

지옥의 정의.
이 세상, 당신의 마지막 날에
당신은 당신이 정말 될 수 있었던 사람을 만난다.

그러므로 그 '뭐 어쨌거나'와 같은 말을 피하라.

64

닉

나는 아테네 시내를 좋아한다. 시내로 운전해 들어가는 데는 자신만만하고 언제나 주차할 곳도 잘 찾는다.

오늘 미팅 중간에 비는 시간이 있었다. 비는 시간에 좋아하는 식당에 가서 잡담하거나 하지는 않는데, 오늘은 부촌 콜로나키 지역의 깨끗하고 조그마한 식당으로 갔다. 그만큼 배가 고팠기 때문이다.

길가의 테이블에 앉고 싶었다. 길가의 테이블이 몇 개 있었는데, 내 눈길을 끄는 중년 커플 옆으로 가서 앉았다. 그들은 신중하고 점잖아 보였는데, 서로 눈을 쳐다보며 웃고 있었다. 정말 부러운 한 쌍이었다. 나는 곁눈질로 그들을 지켜만 보았지, 말을 건다거나 그럴 생각은 없었다.

식사를 마치고 그 커플은 서로 뭔가 속삭이듯 이야기했지만, 주변이 너무 시끄러워서 뭐라고 말하는지 알아들을 수 없었다. 어느 순간 식당 주인이 다가오자 그들은 식당 주인에게 이야기했다. 식당 주인은 그들이 무슨 말을 하는지 듣기 위해 몸을 아주 가까이 숙였다.

처음에 나는 장소가 너무 시끄러워서 그렇다고 생각했다. 그런 다음 나는 그들이 둘 다 말을 못 한다는 것을 깨달았다. 들을 수는 있지만 말은 못 하는 사람들이었던 것이다. 그들은 분명치 않은 소리와 몸짓으로 대화했다. 얼굴 표정만 봐도 그들이 소통하는 데 얼마만큼 힘들어하는지 알 수 있었다. 나는 식당 주인이 그들이 하고자 한 말을 진짜 이해했는지, 아니면 그냥 그들 말을 막고 싶지 않아서 그랬는지는 모르겠다. 그러나 그들은 단 한 순간도 얼굴에서 웃음을 거두지 않았다.

우리는 우리가 얼마나 축복받은 존재인가를 깨닫지 못한다.

말할 수 있는 혀가 있고, 들을 수 있는 귀가 있고, 어디든 가고 싶으면 갈 수 있도록 두 다리가 있고, 필요한 것이 있으면 거머쥘 수 있도록 두 손이 있다는 것은 값을 매길 수 없는 것이다.

나는 수년 동안 닉 부이치치라는, 팔다리 없이 태어난 사람을 찾아다녔다. 그는 유튜브에서 가장 영감을 주는 연사 중의 한 사람이다. 그는 어릴 때 자살을 시도했지만, 우리에게는 다행하게도, 그는 성공하지 못했다. 지금 그는 세계를 돌아다니며 삶이 얼마나 아름다운 것인지, 삶의 의미란 무엇인지, 감사란 무엇인지에 대해 강연한다.

"당신은 팔과 다리가 있어요. 그러나 당신이 누군지, 당신의 삶의 목적이 무엇인지, 당신 삶의 목적지가 어디인지 알지 못한다면, 당신은 팔다리 없는 나보다 더 큰 장애를 가진 사람입니다."라고 그는 말한다.

어렸을 때 그는 자신은 왜 그렇게 태어난 것이냐고 의사한테 물었지만, 그 누구도 어떻게 대답해야 할지 모르더라고 청중들에게 계속해서 이야기한다. 어떤 일들은 보이는 그대로의 일일 뿐이고 당신은 그냥 있는 그대로 받아들여야 한다고 그는 설명한다. 포기하든지 받아들이든지, 그 외에는 어떤 다른 선택의 여지가 없는 것이다.

당신은 닉이 아들과 함께 트램펄린 위에서 뜀뛰기를 하는 것을 영상에서 볼 수 있다. 그 영상은 닉이 다이빙을 하고 수영을 하는 것도 보여준다. 정말 감동적인 장면이다.

"우리에게는 우리가 가지지 못한 것에 화를 내든지, 우리가 가진 것에 감사하든지 할 수 있는 두 가지 선택의 자유가 있다. 나는 아이들이 자신들의 몸을 좋아하지 않는다고 하는 이야기를 듣는다. 당신은 당신이 가진 것의 숭고함을 깨닫지 못하고 있다."고 그는 웃으며 말한다.

"내가 꿈꿀 수 있다면, 당신들도 꿈꿀 수 있는 것입니다."라고 그는 연설을 마친다.

모든 사람이 눈물의 기립 박수를 그에게 보낸다.

모든 사람이 서 있다 해도 닉이 가장 우뚝 서 있다.

즐거운 나의 집

그는 천천히 해변에서 조금 더 아래로 수영하면서 내려가고 있었다. 문에다 '방해하지 마시오' 하고 써 붙여놓고 자신만의 시간을 갖듯, 그는 혼자서 수영을 즐기고 있음이 분명했다.

그럼에도 불구하고 나는 그와 대화를 시작하기로 했다. 나는 "안녕하세요." 하고 인사했다.

"네 안녕하세요?"

꿈에서 막 깨어나기라도 한 듯 그는 느닷없이 대답했다. 그리고는 자기 이야기를 했다.

"저도 그리스 사람이에요. 그런데 저는 러시아에서 살아요. 가족을 먹여 살리기 위해 해외로 나가야 했었죠. 우리는 매년 한 달 휴가를 이곳에 와서 보내요. 나는 여기서 매일 아침, 점심, 저녁에 수영하죠. 여기 온 지 오늘로써 20일 됐고, 10일 후에는 또 가야 해요. 나는 매일매일 날짜를 세고 있어요. 러시아에도 바다가 있긴 해요. 흑해가 있죠. 비교 불가예요. 여긴 천국이랍니다. 빛나는 태양, 수정같이 맑은 물, 따뜻한 날씨….”

그리고 그는 내가 결코 잊지 못할 말을 했다.
“아…그리스! 즐거운 나의 집!”
그의 눈에 눈물이 고였고, 내 눈에도 눈물이 고였다.
얼마나 많은 것을 우리는 받았는가…. 우리 집, 두 손, 두 발, 목소리, 눈, 건강….
그러다가 어떤 문제가 갑자기 발생하면, 우리는 과거 우리가 더 건강하고 행복했던 때를 회상하지만, 우리는 그때가 얼마나 더 건강하고 행복했던 때였던가를 정작 그때는 몰랐다. 그래서 우리는 그것을 다시 잊을 때까지 잠시 행복해할 뿐이다.
왜 우리는 현재 우리가 가진 것에 고마워하지 못할까?

감사는 아마도 모든 것 중에서 가장 중요한 것이다.

한 이야기가 생각났다. 옛날에 아내와 여섯 아이와 사는 한 가난한 농부가 있었다. 그들의 집은 그들이 살기에는 작았다. 그래서 어느 날 그는 마을의 현자를 찾아간다.

“선생님, 저희 집에 방이 모자랍니다.”

현자는 잠시 생각한다.

"집에 개가 있는가?"

그가 농부에게 물었다.

"있습니다."

"개를 집 안으로 들이게."

"집이 좁아서 식구들만 해도 겨우 사는데, 개를 집 안으로 들이라니요."

"내가 말한 대로 하고 다음 주에 다시 오게나."

그다음 주 농부는 현자를 다시 찾아간다.

"그래, 어찌 됐는가?"

"사정이 더 나빠졌습니다. 개 때문에 밤새도록 잠을 잘 수 없습니다."

"그럼 집에 염소는 있는가?"

"있습니다."

"염소도 집 안으로 들이게."

"그렇지만 선생님⋯."

"내가 말한 대로 하게."

다음 주에 농부는 다시 현자를 찾아간다.

"어찌 지냈는가?"

"끔찍합니다! 이젠 개와 염소가 싸우기까지 해요."

"그럼 자네 집에 소는 있는가?"

"네."

"소도 집 안으로 들이시게."

"그게…."

"내 말대로 하게."

그 다음 주에 농부는 현자를 찾아갔다.

"어찌 되었는가?"

"사정이 이보다 더 나빠질 수는 없을 지경입니다. 가축들이 서로 싸우고, 소는 미친 듯이 음매 음매 울고요. 애들은 잠을 못 잡니다…."

"자 그럼 이제 이렇게 하시게. 모든 가축을 헛간 마당으로 도로 데려다 놓게나. 그러면 이제 집은 자네 식구 8명만 기거할 수 있을 테지."

농부는 다음 주 다시 찾아왔다.

"어찌 되었는가?"

"완벽합니다, 선생님! 더 이상 좋을 수가 없을 겁니다."라고 농부는 기쁨에 차서 말한다.

"잘됐네."

현자가 대답한다.

당신에게 방이 있다는 것이 행복하지 않은가?

66

볼을 잡아라

전화로 듣기에 그녀의 목소리는 격앙돼 있었다. 그녀는 보통 조용조용히 말하는 사람이라서 나는 무슨 일인가 걱정이 되었다. 지금, 그녀는 씩씩대기까지 하고 있다. 그리고 무슨 일이 있었는지 이야기 전부를 쏟아냈다.

"이건 우연이 아니에요. 내 친구한테 꼭 전화해야만 한다는 이상한 느낌이 들었어요. 전화상으로 내 친구의 목소리는 끔찍할 정도였어요. 아니 끔찍함보다 더 나쁜 정도였죠. 그래서 '뭐가 잘못되어 가는 거니?' 하고 내가 물었죠."

"뭔가 잘못되어 가고 있어."
"내가 지금 갈게."
"아니, 오지 마. 지금 만날 기분 아니야."

그러나 내 친구는 곧바로 그녀의 친구를 보러 달려갔다. 그녀의 친구는 직장을 잃은 지 오래되어 재정 상태가 엉망이 되어 있었다.

그녀와 그녀의 남편은 더 이상 가족을 부양할 수도 없는, 완전 바닥인 상태였다. 그래서 내 친구가 그녀의 친구를 위로하고 있었는데, 그때 그녀의 전화벨이 울렸던 것이다.

"그냥 받지 말까 생각했어요, 스테파노. 왜냐하면 정말 타이밍이 좋지 못했거든요. 그런데 이상하게 받아야겠다는 생각이 들었어요. 내 친구 바실리스였어요. 바실리스는 절망적인 상태에 있는 내 친구가 있었던 그 회사의 같은 부서에서 막 굉장한 직업을 갖게 된 친구죠. 그녀는 어쨌거나 자기 일을 하는 데는 아주 똑똑한 사람이에요. 그리고 또 무슨 일이 일어났는지 추측해보세요. 그 회사가 사람을 채용하고 있었단 말이죠! 그리고 누가 인사부 책임자로 지금 막 발령이 났냐면요. 세상에나, 내 친구 바실리스가 책임자가 되었단 말이에요. 내가 그 사람 편의를 봐 준 셈이죠. 진짜 기회이거나 뭐 그런 거라고나 할까?"

그들은 바로 그 자리에서 실직 상태에 있는 내 친구의 친구를 위한 면접 일정을 잡을 수 있었다. 모든 일은, 그 일이 일어나는 이유가 있다. 우리는 그것을 행운이라든가 혹은 우연이라 부르지만, 그러나 그렇지 않다. 모든 일에는 이유가 있고 때라는 게 있다. 당신이 실천할 것이라면 그것을 계획이라고 부르라. 논쟁이나, 한 통의 전화나 혹은 대화라 할지라도 그것들은 특정한 시간에 걸려오거나 일어나는데, 그건 당신에게 뭔가를 이야기해주기 위해서다.

그것은 마치 드림팀의 선수들이 넘기는 완벽한 패스와 같다. 당신들도 가끔 그런 공을 받을 때가 있다. 그럴 때, 공을 놓치지 말라. 그리고 받은 공을 너무 오래 가지고 있지도 말라. 내 친구가 자기 친구를 위해 면접을 주선했듯이 그렇게, 받은 공을 넘겨라. 전화를 받아라. 그리고 약속을 정하고, 만나기로 한 사람을 만나러 가라.

당신의 내면에는 언제나 당신이 무엇을 해야 하는지를 알려주는 작은 목소리가 있다. 그 소리를 듣는 법을 배우라.

무인도에 난파당한 아주 신심 깊은 사람이 있었다. 어느 날 배 한 척이 지나간다.

"우리가 당신을 구해주겠소."
"아니요, 신께서 나를 구해주실 것이요."

얼마 후 다른 배가 지나갔다.

"우리가 당신을 구해주겠소."

"아니요, 신이 구해주실 거요."

그는 똑같이 대답했다.

어느 날 헬리콥터가 머리 위를 지나가다가 무인도에 착륙했다. 착륙 조종사가 밖으로 나와 말했다.

"내가 당신을 구해줄까요?"

"아니요. 신께서 나를 구해 줄 거요. 신은 나를 잊지 않을 겁니다."

얼마 뒤 그 남자는 천국의 문에 도착했다.

"신이시여, 어찌하여 저를 잊으셨나요? 저는 당신이 저를 구해주러 오시기를 기다렸습니다."라고 불평했다.

내가 세 번이나 구원자를 보냈느니라. 이 어리석은 사람아!

탄산수

나는 수년간 탄산수에 열광했다. 딸은 그것을 '거품'이라고 부른다. 탄산수는 갈증을 가라앉히고 마시면 상쾌해진다. 그래서 목이 마르면 탄산수를 마신다.

탄산수에도 안 좋은 점이 하나 있다. 자주 물건이 바닥난다는 것이다. 나는 슈퍼마켓에서 탄산수를 볼 때마다 산다. 나는 운 좋게도 탄산수가 바닥나지 않는 작은 식품점을 발견했다.

다 사용한 탄산수병을 돌려주고 세 상자 더 주문하려고 식품점에 갔다. 세 박스면 병이 36개다. 우리는 배달 시간을 정했고, 그 가게는 언제나 정한 시간에 탄산수를 배달해주었다. 초인종이 오후 4시에 울리면 나는 아, 탄산수 배달하는 청년이 왔음을 안다. 그 청년이 밖에서 우리가 얘기했던 그 36리터짜리 탄산수 상자를 끄는 소리를 듣는다. 나는 아래층으로 내려가 문을 연다. 삼십 대 중반의 배달부는 선글라스를 끼고, 짧고 억센 수염의 구레나룻에다 대머리였다. 그는 요즘 유행하는 옷을 입고 있다. 땀에 젖었고, 피곤하고 짜증 나 보이는 그는, 문제가 생기면 골치 아플 사람으로 보인다. 그는 퉁명스럽다.

"엘리베이터 있어요?"
그는 엘리베이터가 없다는 소리를 듣기 싫은 것이다.
"네, 있어요. 3층."
그는 상자를 세게 잡아 끌어당겨 올린다.
"어디다 놓을까요?"

나는 놓을 자리를 일러준다. 그는 이제 완전히 지쳤고 숨을 헐떡인다.

나는 가게에 카드로 지불하겠다고 했었다. 카드 결제할 준비를 하고 2유로로 팁을 준비한다. 나는 그에게 2.5유로를 팁으로 주려고 했는데, 그의 몹시 거친 매너를 보고는 그만 2유로만 준다.

"다시 가게에 갔다 와야겠는데요."
그는 약간 실망한 기색을 감추며 말한다.
"왜요?"나는 그가 왜 그러는지 너무 잘 알고 있다.

"카드 결제기 가져오는 걸 잊어버렸어요."

그의 목소리가 단순한 헐떡거림으로 들린다.

그는 가게로 가려고 돌아선다. 고개를 푹 숙이고 있다. 그를 불러세워야 한다고 생각했다.

"현금으로 지불할 수 있어요."라고 나는 말했다.

"그래 주시겠어요?"

그는 놀라는 기색이었다.

"물론입니다. 그러죠."

우리는 둘 다 행복했다. 그는 내게 35.40유로 영수증을 내밀었다. 나는 그에게 50유로짜리 지폐를 주었다. 그는 내게 거스름돈 14.60유로를 주었다. 나는 그의 손에서 10유로만 집어 들고 말했다.

"나머지는 가지세요."

그는 믿기 어려운 모양이었다. 너무 좋아했다. 마치 복권에라도 당첨된 것처럼. 동전까지 세어보고는 얼굴이 환해지면서 입이 찢어지도록 웃는다.

"감사합니다, 감사합니다."라고 그는 말했다.

"물 한 잔 드릴까요?"

"괜찮습니다. 감사합니다."

"제가 감사하죠."라고 내가 말했다.

"괜찮습니다. 감사합니다."

엘리베이터에 탄 그는 내가 기억하는 한 가장 친절한 모습을 보인다. 머리까지 약간 숙이고, 눈을 살짝 내리깔고, 오른손은 가슴에 살짝 갖다 댄 채.
그는 온몸으로 웃고 있다.

엘리베이터 문은 닫혔지만, 그의 모습은 남아 있다.
나는 방금 한 사람의 하루를 기쁘게 만들었다. 입구 문을 닫는다. 나는 혼자 있고, 눈에서는 감사의 눈물이 솟구쳐 오른다. 나는 지금 지구상에서 가장 행복한 사람일지도 모르겠다.
고맙다.
고맙다.

창문을 닫아라

그녀는 나의 동종요법 의사다. 경우에 따라 그녀는 나의 정신분석학자이고 어떤 때는 선생이기도 하다. 그녀를 만날 때마다 나는 좀 더 현명해진다.

얼마 전에 있었던 일이다. 나는 스트레스 때문에 여러 가지 증상에 시달리고 있었다. 머릿속에는 백 가지도 넘는 다른 일들이 꽉 차 있었다. 그녀는 언제나 그렇듯 이해한다는 듯 미소를 지으며 나를 봤다.

그녀는 노트북을 내 쪽으로 돌리더니 윈도 창을 계속 열기 시작했다. 처음에 나는 그녀가 뭘 하는지 알아차리지 못했다. 그러다 어느 순간에 화면이 멈추었다. 우리는 화면만 빤히 쳐다보며 거기 앉아 있었다.

"왜 당신의 뇌는 다른 사람의 것과 다르다고 생각하는 거죠?"

그녀가 내게 물었다.

"윈도 창을 계속 열다가 어느 순간 부서지는 거예요. 우린 모든 것을 할 수 있다고 생각하죠. 마치 슈퍼 인간이기라도 하다는 듯. 그건 틀린 생각이죠."

나는 그녀의 그 말을 결코 잊지 못할 것이다.

우리는 멀티태스킹 시대에 살고 있다. 모든 것을 한꺼번에 다 하려고 할 때, 결국에는 최소의 성과를 얻게 된다. 흔히 말하듯 대충대충 일하는 것 말이다.

나는 기술이 빠르게 발달하는 만큼, 우리는 거꾸로 가고 있는 것 같이 느낀다. 우리는 여기 있지만, 현존하지 않는다.

당신 주위에 있는 사람들에게
당신이 줄 수 있는 가장 큰 선물은 당신의 존재다.

당신이 거기 있을 때, 거기에 당신 자신도 함께 있어라. 자신을 흩트려서 분산시키지 말라. 누군가와 한 시간을 진심을 다해 함께 시간을 보내는 것이 열 시간을 함께 있으면서 정신은 딴 데에 가 있는 것보다 낫다. 그리고 모든 이에게, 그리고 모든 것에게도 그렇게 집중해서 신경을 쓰라. 당신 자녀에게, 배우자에게, 친구에게, 당신의 일에, 당신의 글쓰기에, 당신의 책에, 당신의 생각에, 어떤 것이든 당신이 하겠다고 선택한 것에.

당신이 집중하는 그 순간에는 당신이 집중하는 대상 외에는 다른 것은 없고, 아무것도 존재하지 않는다. 그것을 위해 살고 그것에 당신의 전 존재를 바쳐라. 집중하라. 집중하는 그때에만 당신은 거기에 있고, 당신의 하는 일을 존중하게 되고, 당신의 삶을 존중하게 된다. 그리고 당신 자신도 존중하게 된다.

그리스인들은 그것을 이렇게 말한다. 한쪽 팔에 두 개의 수박을 넣을 수 없다.

요즘 같으면 싱글태스킹이라고 할 수 있을 것 같다. 가끔 나는 우리가 현명한, 오래된 속담들을 다시 발견하고 그 속담들을 되풀이해서 말함으로써 우리에게 익숙하고 세련된 속담이 되도록 만들어야 한다고 생각한다.

미스터 이오아니디스

나는 그를 존경한다. 나는 원로들을 존경한다. 삶에 있어서의 이 조용한 영웅들의 지혜를 존경한다. 원로들이 한 일은 영광을 받아 마땅하다.

미스터 이오아니니디스. 내게 일이란 무엇이며 삶이란 무엇인가를 가르쳐 준 그를 나는 언제나 이렇게 부른다. 그가 내게 가르쳐 준 것은 그의 경험을 통해 얻은 일과 삶의 정수였다. 그는 아주 역동적인 세계 시민이었으며, 품위가 있는 사람이었다. 그러면서도 감정이 풍부한 사람이었고, 감정을 표현하는 것을 두려워하지 않았다. 언제나 웃고 어디를 가든 그가 쓰는 향수 냄새와 함께 그의 자취를 남겼던 사람이다.

그는 SKY TV 채널에서 나와 함께 일했는데, 그는 언제나 큰 고객들을 상대했다. 정확히 말하자면, 그는 그만의 특별한 방법으로 작은 고객들을 맡아서 큰 고객으로 만들었다. 그가 가진 많은 고객을 대하는 기술 중에는 설득력과 성실성, 논리와 건전한 논증, 음악과 감정, 신뢰와 감사 같은 것이 있었다. 그는 독특한 사람이었고, 고객들은 그를 좋아했다.

그는 음악에 대한 열정이 대단한 사람이었다. 그는 그의 디지털 컬렉션에 수만 개의 트랙을 가지고 있었고, 15살보다 음악 소프트웨어를 더 능숙하게 다뤘다. 그는 자신만의 연주 리스트를 만들어서 아즈나부르Charles Aznavour, 1924-2018, 아르메니아계 프랑스 테너로 작사가, 외교관으로 활동했다. 에서 자파Frank Zappa, 1940-1993, 미국의 음악가로 즉흥 연주와 풍자로 록, 팝, 재즈 가수로 활동했다. 에 이르기까지 노래들을 분류해서 선물하기를 좋아했다.

그는 은퇴한 뒤에도 일을 멈추지 않았다. 그는 매달 잡담이나 하려고 내 사무실에 들르곤 했다. 그가 오면 모든 사람이 내 사무실로 고개를 들이밀고, 모르긴 해도 그의 삶에 대한 열정이 자기들에게도 조금이나마 전해질 것이라는 기대를 갖고 그에게 인사했다.

몇 년 전 그의 아내 나나에게서 전화가 왔다. 전화를 받았을 때 그녀의 목소리는 떨고 있었다.

"스테파노, 니코스가 떠났어요…."

그녀와 나는 울음을 터뜨렸다.

우리는 한 청명한 겨울 오후 교외 공동묘지에서 마지막으로 작별 인사를 했다.

평생을 함께했던 사람과 우리는 어떻게 작별하는가? 여기 '어떻게'에 대한 답이 있다. 울지 말고 웃으며 작별하기다. 장례식이 끝나고 갖는 관례적인 커피 타임에 우리는 모두 니코스 이오아니디스와 함께 했던 시간의 추억으로 넘쳐나는 시간을 가졌다. 우리는 거추장스러운 예의 같은 것은 다 집어치우고 진심을 다해 웃었다. 그의 아내까지도 그랬다. 우리는 그의 삶을 기념했고, 그래서 나는 아마 그날이 그와 보낸 가장 아름다운 날이었을 것으로 생각한다.

나는 나나 부인에게 정기적으로 연락하겠다고 약속했다. 그녀는 무척 행복해했지만, 나는 그 약속을 한 번도 지키지 못했다.

이오아니디스의 장례 후 얼마 지나지 않아 그의 아들 요르고스가 내게 전화를 해 왔다.

"요르고스 잘 지내니? 애들은 어때? 너한테 전화를 받으니 너무 좋네!"

"우린 잘 지내요. 그런데 안 좋은 소식 전해드리려고요. 엄마가 어제 돌아가셨어요. 어제 엄마 집에 갔는데, 주무시는 중에 돌아가셨나 봐요."

나는 전화를 쥐고 한동안 그냥 앉아있을 수밖에 없었다.

"스테파노, 듣고 있어요?"

"요르고스, 엄마는 아빠한테로 가신 거야."

내가 정신을 차리고 말해주었다.

"네, 스테파노, 그 말이 정확해요. 장례식은 내일 오후 3시에 있어요. 아빠를 모신 그 장소예요."

나는 나나 부인을 다시는 보지 못했다. 친구들이여, 미루지말라.

가끔 그 빌어먹을 내일은 오지 않는다.

70

당신 자신을 챙겨라

일요일 밤. 나는 조깅을 마치고, 일기를 쓰고 난 뒤 야외 영화관에 가서 괜찮은 영화나 봐야겠다고 생각했다.

조깅 후에 샤워할 시간이 되지 않았다. 그래서 그냥 새 옷으로 갈아입기만 해야 할 것 같다고 생각했다. 그러나 나는 그런 일을 좋아하지 않기 때문에 다시 생각했다. 그리곤 급히 샤워실로 뛰어 들어갔다. 땀을 씻어내고, 물기를 잘 말리고 거울을 봤다. 이제야 좀 봐줄 만하다.

이제 옷 입을 차례. 옷걸이에는 오늘 아침에 걸어둔 버뮤다 반바지와 티셔츠가 걸려있는데 주름이 조금 졌지만 깨끗하긴 하다. 그걸 입으려다가 맘을 바꾼다.

시간이 별로 없어서 나는 서랍을 열고 깨끗하게 다림질이 된 버뮤다 반바지 한 벌을 꺼낸다. 기분이 좋다. 고슬고슬한 새 셔츠를 옷장에서 고른다. 둘 다 괜찮고 아래위로 맞춰 입으면 더 보기 좋을 것 같다.

이제 신발을 신을 차례다. 문 옆에는 조깅화가 있다. 나는 이 조깅화도 신기가 싫다. 외출용 신발을 신고 거울을 다시 본다. 모든 게 보기 좋다. 그러나 오늘은 9월의 마지막 밤이다. 조금 쌀쌀하기라도 하면 어쩌지? 만약을 위해 긴 소매가 달린 맨투맨 티셔츠를 하나 갖고 간다. 뒷주머니에 20유로짜리 지폐 한 장을 넣고 나니 이제 준비가 다 됐다.

그러다 또 맘을 바꾼다. 50유로짜리를 뒷주머니에 찔러 넣는다. 만약 밤새도록 밖에 있고 싶다면? 돈은 충분하겠지? 차로 달려가 시동을 건다.

나는 승용차 실내 거울로 얼굴을 힐끗 한 번 본다. 보기가 괜찮다.

영화가 시작되기 5분 전에 야외극장에 도착한다. 소다수 한 병을 사고 괜찮은 자리를 찾아 앉아 소다수를 마시면서 예고편들을 즐긴다. 이보다 더 행복할 수 없다.

자신을 돌보는 것이 가장 중요하다.
그러면 기분도 좋아지고 당신 자신이 더욱 소중하게 느껴진다.

당신은 그럴 만한 자격이 충분히 있다고 느낄 것이다.

당신 삶에서 가장 중요한 사람인 당신을 스스로 뒤돌아볼 때, 당신은 자신을 존중해야 한다. 그것은 값을 매길 수 없을 만큼 중요한 일이다.

우리는 자주 스스로에게는 삶의 남는 부분을 준다. 나는 늘 그래왔다. 옛날의 나는 결코 불평하는 것이 없었다. 단 한마디의 말도 하지 않았다. 그러나 내가 스스로를 챙길 때, 내가 스스로에게 얼마나 감사하고 얼마나 자신을 사랑하는지를 보여줄 때면 나 자신이 얼마나 좋아하는지 나는 잘 안다.

얼마나 나 자신이 고무되는지를 잘 안다.

영화는 훌륭했다. 나는 휴식 시간에 화장실에 갔다. 거기엔 존경할 만한 풍모의 중년 남자도 있었다. 나는 먼저 오줌을 누고 오른쪽에 있는 세면대로 갔다. 중년 남자가 다가왔기 때문에 나는 그를 위해 다른 세면대로 옮겨갔다. 나는 그에게 웃어주었고 그도 내게 웃어주면서 감사의 뜻을 전했다.

"좋은 영화예요."라고 내가 말한다.

"아주 좋아요."

그가 대답한다.

"네, 그럼 영화 재밌게 보세요."

나가는 그에게 내가 말한다.

"그쪽도요."

그가 말한다.

그렇다. *자신을 잘 챙겨라.*

자녀 괴롭히기

어떤 부모들은 나를 열 받게 한다. 그들은 언제나 내 신경을 긁어댔지만, 내게 아이가 생긴 뒤로는 정말 나를 화나게 했다.

어떤 부모들은 아이들 때문에 살기를 선택한다. 그들은 자녀들을 가장 나쁜 방식으로 조종하면서도 그들 자신과 또 자신들과 비슷한 사람들을 훌륭한 부모라고 생각한다. 그들은 아이들을 존중하지 않는다. 왜냐하면, 그들은 본질적으로 자기 자신을 존중하지 않기 때문이다. 그들은 공포로 자신들을 채우고 있다. 왜냐하면 그들은 그들 자신의 공포와 직면할 용기가 없기 때문이다.

그들은 자신들의 삶을 다시 살펴보는 대신 아이들을 싣고 발레수업으로, 수영장으로 태권도장으로, 그리고 경기장으로 온종일운전을 하고 다닌다. 사실 그들은 자녀들이 어떤 과외 활동을 하게 될 것인지를 결정하고 자녀들이 동의하지 않으면 화를 내는 그런 사람들이다. 심지어 자녀들이 입을 옷까지 정해주고, 자녀들이 가장 좋아해야 할 과목, 자녀들이 느껴야만 하는 감정, 자녀들이 키워야 할 관계, 자녀들이 앞으로 쌓아가야 할 경력, 궁극적으로 자녀들이 살아야 할 삶—안됐지만 그게 삶이라고 부를 수 있다면—까지 선택하는 사람들이다. 그들은 자녀들의 친구들까지, 그 아이들의 부모가 자신들과 걸맞아야 한다는 생각으로 선택한다.

그들은 그들의 아이들이 먹는 음식, 아이들이 참석할 파티, 그리고 어느 정도의 온도에 추워해야 하는지까지 결정한다. 아이들이 그들과 가장 절실한 감정으로 소통하려고 거의 절망적일 만큼 노력하지만 이런 부류의 부모들은 아이들에게 거의 관심을 기울이지 않는다.

대신에 그들은 유창한 말솜씨와 다양한 어휘로 아이들의 입을 다물게 한다. 그러고 나서 이 아이들이 40대가 되어도 부모들은 여전히 아이들이 4살짜리 어린이인 듯 계속 끈질기게 잔소리를 한다. 몇 안 되는 예외가 있지만, 이 아이들은 50대가 되어도 자립할 수 없을 것이다. 만약 그 자녀들이 마침내 그들 부모가 얼마나 유해한 존재였는가를 깨닫게 된다면 분노할 것이지만 여전히 그 부모들은 왜 자녀들이 분노하는지 알지 못할 것이다. 그들은 "왜 화를 내는 거지?"라고 의아해한다. 왜 그런지 정말 모르나? 자녀들도 살아남아야 하니까 화를 낸다는 것을 부모는 모른다.

이런 부류의 부모 중에 한 사람—정말로 자기 자녀의 24시간, 일주일을 파괴하는—이 다른 아이가 자기 소중한 아이를 괴롭혔다면서 부들부들 떨 때면 나는 정말로 머리 뚜껑이 열린다. 겨우 쉬는 시간에 어떤 아이가 다른 아이를 찼다고, 이 부모는 격분해서 교사, 학교, 다른 학부모, 교육청, 심지어는 대통령까지 비난하기 시작한다.

이런 사람이 자기 자녀들을 가장 파괴적으로 괴롭히는 것이 바로 자신의 행동이라는 것을 인정하는 일은 사실 불가능하다.
한 뛰어난 교육자가 그의 연설에서 제안하기를 우리는 아이들을 동등한 가치를 지닌 인간으로 대해야 한다고 했다.

그러나 가장 쉽다고 생각하는 해결책, 즉 아이들을 지배하거나 그보다 훨씬 나쁘게 다루는 것이 아이들을 통하여 자신의 삶을 산다고 생각하는 것에서 벗어나려면 끈기가 필요하다.

아이들은 자기들의 길을 환하게 밝혀줄 부모가 필요하지만 그렇다고 끌고 가서는 안 된다.

혹은 최소한 부모가 가장 선호하는 것을 취하라고 압력을 가해서도 안 된다.

아이들은 그들의 의식적인 결정에 동의하지 않더라도 자기를 후원할 부모가 필요하다. "당신의 자녀는 당신의 자녀가 아니다."라고 시인 칼릴 지브란은 그의 책 『예언자』에서 지혜롭게 말했다.

자녀들은 당신을 통해서 이 세상에 왔지만 당신으로부터 온 것은 아니다. 그리고 자녀들은 당신과 함께 있지만 당신 소유가 아니다. 당신은 자녀들에게 사랑을 줄 수는 있지만 당신의 생각을 줄 수는 없다. 그들이 그들 자신의 생각을 가지고 있도록 하기 위해서는 말이다.

영화 '필라델피아'의 유명한 장면 중에 이러한 장면이 있다. 톰 행크스가 연기했던 앤드류 베켓이 재판 직전에, 법정에서 뒤따라올 어려운 순간을 위해 마음 단단히 먹으라고 부모에게 준비를 시킨다. 그의 아버지는 그에게 "누구도 우리가 너를 자랑스러워하는 정도를 깎아내릴 근거는 없어. 그런 게 있다는 건 상상할 수 없는 일이야."라고 말한다. "나는 내 자식 중 누구도 부당한 대우를 받는 것은 생각할 수 없단다."라고 그의 어머니도 당당하게 말한다. "엄마 아빠 사랑해요." 베켓은 눈물을 글썽이며 대답한다.

이들 같은 사람이 우리가 원하는 부모다.

---

* Kahlil Gibran, The Prophet, Knopf, 1923

문을 열어둔 채로 둬라

　이 책을 쓰고 있던 어느 날, 전화기가 울렸다. 딸이 보낸 영상 메시지였다. 딸은 제 엄마와 함께 지냈는데, 어린 사촌을 봐주고 있었다. 딸은 아기였을 때 내가 잠들기 전에 불러주곤 했던 노래 가사를 보내왔다. 그때 내가 노래를 불러주면 딸은 눈을 크게 뜨고 나를 쳐다보았다. 그리고 잠시 후면 딸은 제 배 위에다 꽉 쥐고 있던 내 손을 놓았고 스르르 작은 눈이 감겼다. 이 노래는 마지막까지 우리의 노래로 남을 것이다.

　지금 딸은 아홉 살이고 그 노래를 다시 찾아냈다. 딸은 그 노래를 기억하고 나와 공유했다. 나는 큰딸과 작은딸을 이제 더 이상 매일 보지는 못한다. 그러나 그 아이들이 얼마나 자라든 내가 얼마나 늙든, 어디를 가든 그 아이들은 내 깊은 내면, 비밀의 장소에 언제나 있을 것이다.

나는 그 가사를 다시 읽어보면서 딸에게 노래를 불러주던 그 마법 같은 순간을 기억한다. 내 속에서 뭔가 마구 뒤섞이는 것을 느낀다. 뭔가 아주 강력한 것이다. 나는 눈물을 흘리며 어린 딸아이가 그 가사를 읽으면서 느꼈을 감정을 느낀다.

내 아버지도 이 노래를 내게 불러주시곤 했다. 나는 그 노래를 다시 아버지에게 보내려고 한다. 딸아이가 나를 위해 그 가사를 읽어주며 얼마나 감정이 고조되었을지 나는 느낄 수 있다. 잠시 동안 나는 딸아이가 된다.

나는 감정에 휩싸여 감정이 나를 씻어내도록 내버려 둔다. 그 감정을 음미한다. 이제 나는 이것이 내가 가진 전부, 내가 결정하는 전부라는 것을 안다.

내가 그 감정이 되어, 어떤 제약도 없고 어디로 가야 하는지 알려주는 이정표도 없고 속도 제한도 없이 내 몸을 지나가게 내버려 둔다. 나는 이 정확한 감정을 다시는 느낄 수 없으리라는 것을 안다.

언제나 이렇지는 않았다. 나는 내 감정들을 잘 숨기곤 했다. 나는 스스로에게 조금 당황스러웠다.

남자들은 태어날 때부터
감정을 숨겨야 하는 저주받은 존재였다.
남자는 울지 않는다. 남자는 강해야 한다고.
그런데 오늘은 아니다.

다행스럽게도, 지금 나는 연약함이 우리를 강하게 하는 것임을 안다.

그리고 그 연약한 사람이 우는 사람이고, 압박감을 느끼는 사람이고 때로는 참을 수 없어 하는 사람이다.

옛날에 내 할머니는 절대로 문을 잠그는 법이 없었고 심지어 열어 두기까지 했다.

그 열린 문으로 친구도 들어오고, 바람도 들어오고, 인생도 불어 들어왔다.

그리고 할머니의 그 열어 두었던 문을 내 삶을 사는 방식으로 나는 결정했다. 그 문으로 햇빛이 들어올 수 있도록.

그 햇빛이 나를 깨우도록.

나를 따뜻하게 하도록.

잘 지내, 내 사랑하는 어린 딸아.

인생의 도둑

　도둑을 무서워하는 사람들이 있다. 돈을 빼앗길까 봐, 집에 강도가 들까 봐, 또는 아이들을 유괴라도 할까 봐 무서워한다.

　그러나 더 조용하면서 훨씬 더 위험한, 우리 안에 내재한 도둑이 있다. 이 도둑은 프로다. 이 도둑은 우리에게서 매일, 소리 없이 도둑질한다. 우리의 꿈을, 낙천주의를, 기쁨을, 영감을, 가르침을, 그리고 에너지를 도둑질한다. 이 도둑은 바로 우리 삶 자체를 도둑질한다.

　그러나 우리는 이 도둑과 하나가 되었고, 그래서 이 도둑이 거기 있다는 것을 깨닫지 못한다. 이 도둑은 마치 대들보 안에서 그것을 천천히, 그러나 확실하게 다 먹어 치우는 흰개미 같은 존재다.

인도에서 있었던 이야기다. 한 노인이 손자에게 이야기한다.

"네 안에는 두 마리 늑대가 있단다. 한 마리는 나쁜 놈이란다. 그건 분노, 질투, 슬픔, 실망, 탐욕, 빈정거림, 자기 연민, 공격성, 열등감, 허영심, 오만과 이기심이라는 놈이다. 다른 한 마리는 좋은 늑대란다. 그건 기쁨, 사랑, 희망, 평화, 평온, 겸손, 친절, 자비, 공감, 관대함, 그리고 신념이란다."

주의 깊게 듣고 있던 손자가 마침내 할아버지에게 묻는다.

"누가 이길까요?"

할아버지는 조금 생각한 후 대답했다.

"네가 잘 먹이는 늑대가 이기지."

늑대마다 좋아하는 음식이 있다. 나쁜 늑대는 티브이 많이 보기, 소셜 미디어에 시간 낭비하기, 다른 사람 일에 코를 박고 살기, 타인을 비판하기, 험담하기, 징징대기, 거짓말하기, 정크 푸드 먹기, 늦게까지 안 자기, 안일함, 게으름, 사람들에게 해 끼치기, 상투적이기, 분노, 편견, 그리고 무관심이다.

좋은 늑대는 사랑, 진실, 친절, 감사, 자존심, 집중, 실천, 부단한 발전, 책임감, 정리 정돈, 운동, 물 많이 마시기, 올곧은 자세, 일찍 일어나기, 그리고 열심히 일하기 등을 먹고 산다.

나쁜 늑대를 먹이면서 그놈이 자라지 않기를 기대하는 것은
케이크를 먹으면서 체중이 줄기를 희망하는 것과 같다.

언제나 당신 안의 좋은 늑대를 잘 먹여라. 그것이 당신 안의 도
둑들을 지속적으로 몰아내 줄 것이다.

그게 당신이 할 일이다.

인명 구조원

날씬하고 우아한 모습, 넓은 스포츠형 머리띠. 당신은 인명 구조 요원인 그녀에게 눈길을 주지 않을 수 없었을 것이다.

그러나 그녀의 그런 자신감은 거의 자만의 경계에 가까웠다.

호텔에서의 마지막 날이었다. 우리가 정시에 출발하기를 원했다면 우리는 이미 떠났어야 했다. 딸들은 이미 알고 있는 사실이기도 하지만, 내가 딸들에게 단호하지 못해서 큰딸이 몇 번 더 워터 슬라이드를 즐기느라 떠나지 못했다.

이 예쁜 구조원은 근무 중이었다. 그녀는 대부분의 시간을 동료와 잡담하는 데 썼다. 내 딸이 슬라이드로 미끄러져 내려갈 동안 구조원은 계속해서 헤어밴드를 조이고, 머리를 묶고, 머리카락을 정리하는 등 자기 업무와 관련 없는 짓들을 하고 있었다.

그녀의 허영심은 신이 그녀에게 준 선물인 양 끝이 없어 보였다. 어쩐 일인지, 그녀가 스스로 모습을 가꾸면 가꿀수록 나는 짜증이 났다.

큰딸이 마지막으로 워터 슬라이드를 탔을 때였을 것이다. 작은딸은 언니를 보기 위해 목을 길게 빼고 보려고 했지만 잘 볼 수가 없었다. 누가 그것을 알았겠냐만, 그 구조원은 작은딸이 뭘 하고 싶어 하는지 알았던 것 같다.

그 구조원은 재빨리 몸을 굽혀 작은딸을 부드럽게 들어 올려서는 그 애가 언니를 볼 수 있게 난간에 앉혔다. 나는 잠시 놀랐고, 작은 애도 그랬던 것 같다. 그러나 작은 애는 언니를 보느라고 놀란 표정을 지어 보이지는 않았다. 큰 애가 슬라이드에서 미끄러져 내려간 뒤 작은 애는 자기를 부드럽게 안고 천천히 난간에서 내려준 그 구조원에게 감사의 미소를 크게 지어 보였다. 딸은 행복하기도 하거니와 얼마나 감명을 받았던지 넋을 놓고 구조원을 바라보았다.

예쁜 구조원이 나를 향해 몸을 돌리고 신중한 표정으로 웃었다. 나도 웃어주었다. 긴 하루의 피로가 한순간에 씻겨나가는 듯했다. 나는 옆으로 비켜서서 나 자신을 비웃었다. 그리고 애들을 불러서 떠났다.

나는 최근에 내가 한 근사한 말을 기억했다.

나를 판단하지 말라. 내 생각만을 믿지 말라.
내 생각만 옳다고 주장하지 말라.
왜냐하면 나 또한 당신과는 다르기 때문에
잘못을 저지르기 때문이다.

드러머

나는 그를 본 적이 있다. 그는 드러머가 하는 흔한 머리 스타일에 선글라스를 끼고 검은 옷을 입고 있었다. 그러나 이런 그를 예전에는 본 적이 없다.

오늘 그는 나의 마음을 다 훔쳐 가버렸다. 그가 솔로로 연주한 그 3분 동안 나는 어딘지 모르는 딴 세계에 있는 듯했지만 분명한 것은 그와 함께 있었다는 것이다.

그날은 학교 공연일이었다. 우리 학부모들은 뮤지션들의 연주에 초대받았다. 그는 고양이처럼 소리도 없이 조용히 무대 위로 올라가서 연주를 시작했다. 그의 드럼 연주는 조금씩 밀도가 높아지고 커져 갔다. 그가 연주한 마법 같은 3분 동안 그는 먼 어딘가를 응시하고 있었는데, 나는 물론 그가 어디를 보았는지는 모른다. 그러나 그곳은 분명 천국 같은 곳이었을 것이다. 그의 어떤 부분은 그 천국에 있었고, 거기에 우리의 어떤 부분도 함께 있었다고 나는 말하고 싶다.

그는 자신을 둘로 나누었다가 다시 하나가 되게 하는 비범한 사람이었다. 피날레는 다가오고 있었고, 클라이맥스도 함께 다가오고 있었다. 그것은 마치 사랑을 나누는 것과 같았다. 미칠 듯 원하면서도 한편으로는 그것이 끝날까 봐 두려워하는 것 같은.

연주가 끝났을 때 우리는 우레 같은 박수를 보냈다. 그러나 그 드러머는 박수 소리를 듣고 있지 않은 것처럼 보였다. 그는 그의 그 '천국'만을 계속 응시하고 있는 것 같았는데, 마치 그의 안에 있는 무언가가 "나는 준비가 되어있으니, 오셔서 나를 어디든 당신이 원하는 곳으로 데려가시오."라고 말하고 있기라도 한 것 같았다.

어떤 사람들은 자신과 다른 방식으로 사는 것이 어떤 것인지를 모른다. 삶의 방식이 자신의 방식밖에 없는 줄 안다. 고통 또한 경험해야 하는 것이 인생이다. 사람들은 기쁨과 고통을 수도 없이, 극도의 단계까지도 경험한다. 이런 사람들은 어떻게 죽는 줄도 알지만 죽음 속에서 다시 살아나는 법도 안다. 또 그들은 줄 것이 거의 남아있지 않을 때에도 가진 모든 것을 주는 방법을 안다.

그런 이들은 시시하게 사는 것을 견딜 수 없어 한다. 자기 안에 자기에게 필요한 모든 것이 있기 때문에 뭔가를 잃는 것을 두려워하지 않는다. 그들은 좋은 세월만 살려고 이 땅에 온 것이 아니라 그들 존재 모두를 주기 위해 온 사람들이다. 그들은 자신의 열정을 위해 죽는 법을 안다. 그들은 무대 위에서 연주하고, 현미경을 들여다보고, 원고를 쓰며 어떻게 인생을 다해야 하는지를 안다. 그들의 열정이 그들의 삶이다.

열정 없는 삶은 살아야 할 가치가 없다.

삶에서 당신의 열정을 찾아라.

당신 자신에게 말을 걸어라

어렸을 때 나는 아티초크엉겅퀴과의 식물로 꽃봉오리처럼 생겼다. 지중해가 원산지로 맛이 담백하면서도 단맛이 난다.를 증오했다. 지금은 내가 가장 좋아하는 음식이다. 이렇게 되고부터 나는 새로운 것들을 받아들이기로 결심했다.

만약 몇 년 전만 해도 누가 내게 스스로에게 말하라고 했다면 그들 면전에서 비웃었을 것이다. 그러나 그것이 밝혀진 만큼 실제 시도해보는 것이 정말 필요하다. 나는 루이스 헤이Louise Hay, 1926-2017, 미국의 동기 부여 베스트셀러 작가로 『힘은 당신 안에 있다』, 『나를 치유하는 생각』 등 최악의 경우에도 긍정적인 방법을 찾는 책을 저술했다. 출판사 Hay House 설립자.의 책에서 긍정 확언에 대해 처음 읽었다. 이 '긍정 확언'이란 그 말을 큰 소리로 스스로에게 하든, 하지 않든, 당신이 그것을 하고 있다고 깨닫든 못 깨닫든 상관없이 스스로에게 말하는 모든 것이다. 매일 우리의 뇌는 2초마다 1가지씩, 4만 가지의 생각을 한다고 한다. 대부분의 생각은 잠재의식 속의 생각이고 보통은 부정적인 생각이라고 한다. 10살 난 아이는 집에서, 학교에서 혹은 미디어로부터 수많은 강의를 받도록 되어 있다. 그 모든 부정과 금지가 씨가 되어 뿌리를 내리고, 싹이 트고 마침내는 2초에 한 가지씩 열리는 열매를 맺는다.

대부분의 부모는 아이들이 첫걸음마를 떼고 처음 말을 할 때까지 잡아주고 보듬어준다. 그리고 나서도 대부분의 부모는 자신들이 자신들의 부모에 의해 절름발이가 된 것처럼 알지 못하는 사이에 아이들을 절름발이로 만든다. "잘 보고 다녀!", "넘어질라!", "그거 네 거 아니잖아!" 그리고 기타 등등의 말들. 그들은 후손들에게 최악의 씨앗을 뿌리는 것이다. 전혀 도움이 되지 않는 씨앗 말이다.

그리고 대부분의 아이는 또 그것을 믿는다. 아이들은 자신의 인생을 자신들이 결정할 수 없다고, 자신은 가치 없는 존재라고 믿게 된다. 그리고는 스스로를 사랑하지 않게 되고 이유도 모르고 삶과 싸우게 된다.

마음이 잡초들과 함께 너무 무성해졌기 때문에 이제 그 마음은 새로운 파종이 필요하다.

긍정 확언은 당신의 뇌에 당신 자신을 심는 새로운 씨앗이다.

당신의 긍정 확언은 당신의 새로운 진리다. 그러므로 거울 앞에 앉아 자신에게 좋은 일들을 말하라. 여러 번 반복해서, 당신이 그것을 믿을 때까지 하라. 부정적인 것으로 당신 뇌를 채우는 데 몇 년이 걸렸기 때문에 당신이 긍정 확언을 믿기에는 몇 달, 심지어 몇 년이 걸릴 수 있다.

이 긍정 확언은 대지가 찬란하고 밝을 때 반드시 아침 일찍 일어나자마자 해야 하고 잠자리에 들기 전에 해야 한다. 그 선서는 현재형으로 말하고 긍정적으로 표현해야 한다. 그리고 그 선서는 당신과만 해야 한다. 왜냐하면 당신이 타인의 마음을 결정지을 수는 없기 때문이다.

딸들과 나는 몇 년째 이 긍정 확언을 해오고 있다. "나는 가치 있는 존재다."가 그 선서 중의 하나인데 우리는 매일 아침과 밤에 이것을 100번씩 말한다. 말을 하는 횟수가 많아질수록 믿음이 커진다. 그리고 믿음이 커질수록 그만큼 기분이 좋아진다. 당신의 긍정 확언은 당신의 씨앗이다. 물론 그것이 자라도록 물을 주고 보살피고 기름지게 해야 한다. 그것을 우리는 실천이라고 부른다.

그래서 어느 날 6살 난 딸아이가 "아빠, 내가 '나는 소중하다'라
는 말을 자꾸자꾸 해서 무슨 일이 일어났는지 알아?" 하고 물었다.

"무슨 일이 일어났는데?"

"나도 모르게 웃어."

그것이 긍정 확언이 하는 일이다. 그것은 당신의 영혼을 미소
짓게 한다.

당신도 모르게….

파키스탄 사람

아테네 중앙로, 대낮의 거리를 나는 걷고 있다. 작은 삼륜 구동 트럭 한 대가 길을 막지 않고 주차등을 깜빡이며 재활용 쓰레기통 옆에 멈춘다. 반짝이는 구두와 검은색 바지, 셔츠를 말끔하게 차려입은 단정한 파키스탄 남자가 차에서 내려 재활용 쓰레기통 쪽으로 간다.

호기심 때문에 나는 그를 보려고 멈춰 선다. 그는 조심스럽게 쓰레기통 뚜껑을 열고 안에 있는 것들을 살펴본다. 그는 골판지 상자만 골라서는 주머니에서 상자 자르는 칼을 꺼내 골판지가 흠이 나지 않도록 마치 외과 수술을 하듯 정확하게 종이 상자에서 테이프를 떼어낸다. 그리고는 상자를 펴서 가지런히 쌓아 옆으로 밀쳐둔다. 웬만큼 모으면 그는 푸른 플라스틱 줄로 묶어 규격 패킷에 넣어 쌓아둔 골판지 위에 올리는 일을 매우 꼼꼼하게 반복한다.

나는 그가 일하는 모습에 매료된다. 그는 자신의 일에 헌신하는 그런 사람 중의 하나다. 그 일을 마치고 나면 그는 박스 다발을 삼륜 구동 트럭 뒤편에 조심스럽게 넣는다. 그는 그것이 마치 세상에서 가장 소중한 운송품인 것처럼 다룬다.

그는 훌륭하게 그 일을 마친다. 사진을 찍고 싶을 만큼. 그러나 나는 그가 싫어할까 봐 그렇게 하지 않는다. 마지막으로 그는 쓰레기통 위로 뚜껑을 조심스럽게 내리고, 박스 다발이 잘 쌓여 있는지를 보고, 삼륜 구동 차에 훌쩍 올라탄다. 주차등을 끄고, 차를 천천히 몰아서 조금 아래쪽에 있는 다음 재활용 쓰레기통 앞에 멈춘다.

나는 방금 목격한 것에 마음을 잠시 뺏긴다. 그는 지금 그의 일이 세상에서 가장 중요한 일인 양한다. 그가 그 일을 즐기든 않든 그는 완벽하게 하고 있다. 그 모습은 정말 인상적이었다.

나는 그가 일하는 모습을 영상으로 담아 딸들과 친구들과 동료들과 그리고 세상 모든 사람과 함께 나누고 싶다. 그렇게 할 수 있다면 그 영상의 제목은 이렇게 달 것이다.

"어떻게 성공하는가."

어디를 가든, 아침이면 가장 좋은 옷을 입으시라. 당신이 하는 일을 사랑하고 영광스럽게 생각하라. 그러나 많은 부분 그것은 당신 자신을 사랑하고 영예롭게 하는 일이다.

무엇을 하든
그 일이 세상에서 가장 중요한 일인 듯이 하라.

당신의 하는 일에 헌신하라. 열정과 사랑으로 하라. 쓰레기 차 운전을 하든, 심해 잠수 운전을 하든. 그렇게 하는 헌신의 대부분은 당신 자신을 위해 하라. 그러면 그 일로 인해 기분이 좋아질 것이다. 그리고 나서도 만약 당신이 해야 한다면, 동료들이나 고객들을 위해 헌신하라.

무엇보다 이 세상을 당신이 물려받은 곳보다 나은 곳으로 만들어 물려줘라.
반짝이는 구두에 잘 차려입은 그 파키스탄 남자처럼.

그리스식 관대함

　　그가 나의 가장 친한 친구라고는 할 수 없지만, 그는 내 친구이고 내가 사랑하고 고마워하는 사람이다. 그도 나를 그렇게 생각한다. 나는 아테네 시내에 있는 그의 사무실 근처에서 볼 일이 있었다. 그래서 잠시 들러 만날 수 있는가 싶어 전화했다. 그는 잘나가는 대기업의 직원이다.

　　반갑게 인사를 나누고 그의 사무실에서 잠시 앉아 있다가, 그는 근처에 나가 커피라도 한잔하는 게 어떠냐고 제안했다.

　　상사에게 이야기하고 사무실을 떠날 때 그는 내 딸을 위해서 그 회사 제품 몇 가지를 골라서 내게 주었다. 그냥 한두 개 정도가 아니라 제법 많아서 나는 놀랐다. 아마도 그가 회사 직원으로서 자기 아이들에게 줄 물건 중에 일부였던 것 같다. 다시 말하자면, 그는 자기 아이들에게 줄 것들을 내 아이들에게 주기로 했던 것이다.

처음에 나는 그러지 말라고 했지만, 그는 무언가 나누고 싶은 속마음에서 우러나오는 친숙한 그리스식 고집을 부렸다. 내가 거절한다고 해도 그는 그냥 주었을 것이다.

그의 그런 행동에 나는 깊이 고마워했다.

카페에 갔을 때 그는 내게 뭘 마실 것인가를 물었는데, 그 질문을 하는 것부터가 그가 커피값을 내려고 한다는 것임을 명백하게 했다. 그는 내가 자기 집에 온 손님이라도 되는 듯 커피를 주문하러 가서는 직접 커피를 들고 왔다. 우리는 내가 하고 있는 일에 대해 길게 이야기했고, 그는 내 이야기를 그냥 듣기만 하는 것이 아니라 신뢰할 수 있는 비즈니스 파트너처럼 내게 조언을 해 주었다. 계산서가 도착했을 때, 자연스럽게도 그는 내가 커피값을 내지 못하게 했다.

"내 구역에서 커피값 내지 마!"라고 그는 말했다. 그건 돈이 문제가 아니라 그의 배려 문제인데, 그것이 감동이었다. "뭐 대단한 일도 아니구만!"이라고 당신은 말할지 모른다. 그러나 그건 내겐 대단한 일이었다. 나는 깊이 감동했다. 그것이 바로 그리스식 아량으로 알려진 것이다. 여행을 다녀 본 사람들은 그렇게 열려있는 따뜻한 마음을 가진 사람들을 쉽게 찾을 수 없다는 것을 안다. 사람들은 그것을 환대라고 부르지만, 그것은 환대 이상이다. 사실을 말하자면 그것은 사랑, 돌려받을 것을 요구하지 않는, 주기만 할 필요가 있는 이타적 사랑이다.

몇 년 전 우리의 대학원 과정을 가르쳤던 영국 출신의 교수가 방문했을 때였다. 그는 내가 결코 잊지 못할 이야기를 해주었다.

그는 부인과 함께 그리스의 그림같이 아름다운 플라카 시내 지역에서 휴가를 보내는 중이었는데, 어떤 특별한 식당을 찾고 있었다고 한다. 그곳 사람에게 길을 물었는데, 그곳 남자가 어떻게 그 식당에 갈 수 있는지를 말로만 알려주는 것이 아니라 그곳까지 직접 데려다주었다고 했다.

그들은 그 사람에게 감사 인사를 했는데, 그 사람이 식당 주인에게 몇 마디 말을 하는 것을 보았다고 한다. 그들이 식사를 마치고 계산서를 달라고 했더니 식당 주인이 말하기를 그 길 안내를 해준 사람이 와인값을 지불했다고 하는 것이다. 그 교수는 깜짝 놀랐다. 그가 우리에게 말하기를 그런 친절은 일찍이 경험한 적이 없다고 했다. 오직 그리스에서만 있는 일이다. 결론적으로, 그 교수는 이렇게 우리에게 말했다.

당신들 그리스인들은 참 놀라운 것을 가졌다.

절대 잃어버리지 마라.

친구와 시내에서 커피를 마신 일이 내게 이 이야기를 떠올리게
했다.

당신의 똥

모든 것은 우리가 초등학교 때 노트에 선생님이 빨간색으로 수정을 하면서 시작된다. 선생님이 펜을 너무 세게 눌러서 뒤 페이지에도 펜 자국이 보인다. 만약 당신의 에세이가 그림이었다면 그 빨간색이 주제가 되고 당신의 작문은 배경이 되었을 것이다.

자라면서 그 빨간 마크는 우리의 뇌에 각인되는 것 같다. 그러나 이 빨간 수정 자국들은 당신이 좋아하든 하지 않든 삶의 일부다.

처음에는 그 수정한 빨간 마크는 엄마가 수정한 것들이고, 그 다음은 선생님, 이웃, 그리고 궁극적으로는 당신 자신의 것이다.

그것들을 받아들이면 평화를 찾을 수 있다. 당신의 실수들을 사랑하면 구제받을 수 있다.

당신의 인생처럼 당신의 집에도 두 개의 문이 있다. 앞문은 손님들이 들어올 수 있는 문이고, 뒷문은 쓰레기를 내다 버리는 문이다. 그 둘 다 당신의 것이다.

말할 것도 없이 장식되어 있는 멋있는 앞문은 추악한 뒷문에 빚을 지고 있다. 축축하고 뭔가 뚝뚝 떨어지는 쓰레기를 앞문으로 내다 버려 보면 알게 된다.

전문가들이 '당신의 어두운 면'이라고 말하는 자신의 실수들을 받아들일 때 당신은 완전한 한 인간으로 완성될 것이다. 당신은 그것을 '내 똥'이라고까지 부를 수 있다. 당신의 더러운 똥이 당신이고, 당신은 언제나 그것을 부인하려고 많은 노력을 할 것이다. 그러나 당신이 그것을 묻어버리려 하면 할수록, 그만큼 더 고약한 냄새가 난다.

똥거름은 흙 위에 뿌려진다. 처음에는 고약한 냄새가 나지만 그것은 땅을 기름지게 하는 데 가장 좋은 것이 된다.

우리는 좋은 세월에는 모두 근사하지만, 사실 당신의 똥은 당신 삶의 정수다. 훌륭한 사람은 자신들의 똥을 사랑하는 법을 배운다. 그들은 그 똥에 관해 이야기하고, 나누고, 방송도 한다. 그들은 그것을 덮어버리지 않는다. 그들이 그것을 알기 때문이고, 무엇보다 그들 또한 자신의 똥을 가지고 있기 때문이다.

위대한 사람들은 그들의 똥을 받아들였기 때문에 위대하게 되었다.
그 똥이 그들을 만들었다.

페이스북의 껍데기 면만으로 충분하다! 행복하고, 마치 우리 모두가 할리우드 스타라도 된다는 듯 어디서든 빛나는 얼굴들. 그렇다면 도대체 당신의 똥은 어디 있는 것인가? 당신의 고통과 분노는 어디에 있는가? 당신의 실패와 악과 결함과 결핍은 어디에 있는가? 그것들이 당신을 현실적인 존재로 만든다. 그것들이 당신의 집을 꾸밀 수 있는 것들이다. 그래야만 당신의 집이 독특해질 것이다. 그것이 당신을 반영하는 것들이기 때문이다.

현실을 직시하라. 당신은 당신의 똥을 사랑하기 위해 여기 있다.

예수 그리스도가 말씀하셨다.

"너희 중 죄 없는 자가 있다면 먼저 돌을 던져라⋯."

이것이 그가 의미한 바일 것이다.

기쁨

　내가 좋아하는 습관 중의 하나는 대단히 일찍 일어나는 것이다. 일어나자마자 나는 달리러 나간다. 해변이 가까이 있다면 어떤 계절이든 수영을 한다. 그것은 나를 활기차게 한다.

　어디를 가든 나는 내 습관대로 한다. 일찍 일어나고, 달리고, 수영하고, 숨쉬기 운동을 하고, 명상을 하고, 일기를 쓰고, 독서하고, 선행을 하고, 올바르게 식사하고, 모든 것을 나눈다.

　어제, 성스럽기까지 한 아침 일과를 마친 후 나는 바닷가에 있었다. 보통 이른 아침 해변에는 아무도 없는데, 어제는 아니었다. 아주 아름다운 젊은 여자가 내 작은딸이 놀듯 파도타기를 하고 있었다.

그녀는 바다에 뛰어들어 파도타기를 했다. 바람을 맞을 때면 그녀의 젖은 머리칼이 반짝였고, 그녀는 즐거워 보였다. 나는 그 모습에 매료되었다. 어느 순간 나는 노래를 들었고, 라디오가 어디에 있는지 찾으려고 주위를 두리번거렸다. 아무것도 없었다. 그 노래는 그녀가 부른다는 것을 나는 알았다.

그녀는 파도타기를 하고 있었고, 그녀의 전 존재가 그 노래 속에 잠겨있었다. 나는 물로 뛰어들었지만 내가 물 밖으로 나왔을 때 그녀는 사라지고 없었다.

오늘은 조금 오래 달려서 평소보다 조금 늦게 해변에 도착했다. 그녀는 오늘도 거기에 있었다. 그녀는 수영을 마치고 잘 어울리는 예쁜 샤롱sarong, 폭이 넓은 천을 원통형으로 꿰매어 허리에서 여며 늘어진 치마 모양의 옷을 걸치고 있는 중이었다.

그녀는 나를 지나쳐 걸어갔고, 우리는 서로 웃었다. 나는 그녀의 용모를 가까이에서 보았는데, 그녀의 얼굴에 있는 깊은 주름살을 보았다. 내가 40대쯤으로 생각했던 그녀는 최소한 60대쯤 되어 보였다. 나는 거기 앉아서 걸어가는 그녀의 잘 관리된 몸을 바라보았다. 그리고 모래 위에 찍히는 그녀의 발자국 하나하나가 마치 마이클 잭슨의 비디오에서처럼 반짝이는 것 같았다.

기쁨이란 당신 안에 있는 무엇이다.
당신은 그것을 발견할 필요가 있다.

기쁨은 금과 같다. 깊게 파면 팔수록 더 많이 얻을 수 있다. 그리고 그것은 당신을 젊고, 행복하고, 강하게 한다. 젊음의 샘을 발견한 듯 보이던, 바닷가 영원한 청춘의 여인처럼. 그 청춘의 샘물을 마시면 세상을 정복하게 될 것이다. 당신이 사랑으로 무장되어 있다면.

신은 인간들이 그것을 찾지 못하도록 보물을 감추려고 했다. 처음에 신은 그 보물을 높은 산꼭대기에 감추어야겠다고 생각했다. 그러나 인간이 산꼭대기에 오를 수도 있다고 생각했다.

그래서 신은 이번에는 그 보물을 바닷속 가장 깊은 곳에 감추어야겠다고 생각했다. 그러나 어느 날 인간은 역시 바닷속 가장 깊은 곳까지 내려갈 수 있을 것이라고 여겨져서 다시 생각했다. 내가 이 보물을 지구의 중심에 숨겨야겠구나! 인간은 결코 그곳에는 도달하지 못하리라.

그러나 무언가가 신께 인간은 그곳에도 갈 수 있을 것이라고 말했다. 마지막으로 신은 해결책을 찾았다. 나는 그 보물을 인간의 내면에 숨길 것이라고. 그러면 인간은 결코 그곳을 찾을 생각은 하지 못하리라.

그게 바로 당신이 찾아봐야 할 곳이다.

81

사랑

그들은 몇 테이블 떨어진 자리에 나란히 앉아 있었다. 한낮이었고 나는 좋아하는 식당에 있었다. 그들은 아주 가까이 붙어서 서로 기대어 이야기하고 있었다. 그런 풍경은 아주 오랜만에 보았다. 서로의 눈을 깊이 들여다보면서 남자는 여자의 목을 부드럽게 더 가까이 당겨 잡고 있었다. 그녀도 뒤로 빼지 않았다. 입술은 닿지 않았지만, 그들은 힘들 정도로 가까이 있어서 어느 순간에라도 자석처럼 서로 달라붙을 것 같았다. 그는 그녀의 머리카락을 만지작거렸는데, 머리카락 속에 손가락을 집어넣어 빗질하고, 머리 가닥을 그녀의 귀 뒤로 넘기고, 앞 머리카락을 옆으로 밀어내었다. 그의 눈은 사랑에 취해있었고, 그녀 또한 그랬다. 나는 그들을 보는 것만으로도 행복했고, 감탄했고 또 부럽기도 했다.

얼마 뒤 그들은 팔짱을 끼고 그곳을 떠났다. 좁은 보도에서도 그들은 꼭 붙어있었다.

나는 불꽃을 튀기는 듯한 그 시선을 계속해서 생각했다. 그것은 바로 사랑이며, 그 사랑은 당신을 어디로든 데려갈 것이다. 사랑은 당신의 파트너뿐만 아니라 모든 것과 함께 당신을 어디로든 데려간다. 사랑은 어떤 음식이든 더 맛있게 만드는 최고의 향신료다. 사랑은 어떤 물질이든 불붙게 하기 위해 태양 광선을 집중시키는 돋보기이다. 그것은 모든 것 중에 가장 강력한 도구다.

사랑은 당신이 당신의 일에 대해 느끼는 것이다. 그것은 당신이 아침에 일어나는 이유이다. 사랑은 당신이 가진 것과 가지지 못한 것 모두에 대한 감사로 가득 차 있다.

사랑은 당신이 맛있는 음식 한 접시에 대해 감사할 때 생긴다. 사랑은 당신이 거울을 보며 당신의 모습을 좋아할 때 생긴다. 사랑은 당신이 낯선 사람을 도와주려고 서두를 때 느끼는 감정이다. 사랑은 비록 당신이 흘린 것이 아닐지라도 쓰레기를 주울 때 생기는 감정이다. 사랑은 좋은 말을 하는 것이고 다른 사람보다 더 좋은 말로 기뻐할 때 생기는 감정이다. 사랑은 당신이 좋아하는 취미 생활을 할 때 느끼는 감정이다. 사랑은 마법 같은 무언가가 일어날 때 영화에서 보여주는 섬광 효과 같은 것이다.

사랑은 지구를 돌게 하는 것이다.
사랑은 당신을 영원히 젊고 행복하게 지속시켜주는 것이다.
사랑은 당신이 존재하는 이유다.

거기 앉아서 생각에 빠져있으면서 나는 지팡이를 짚고 식당 계단을 힘겹게 올라오고 있는 품격있는 노인을 보았다. 그는 산뜻하게 풀 먹인 셔츠와 줄이 완벽하게 세워진 바지로 잘 차려입었고, 포마드를 발라 말끔하게 뒤로 넘긴 머리를 하고 있었다.

나는 그를 알고 있다. 그는 50년 전 이 식당을 연 주인이었다. 그 50년 동안 그는 매일 이 식당에 나왔다. 그는 숨을 고르기 위해 그가 늘 앉는 전용 테이블을 가지고 있다. 지팡이를 의자에 기대어 놓고 앉아 그는 기쁨으로 빛나는 눈으로 자신이 창업한 식당을 자랑스러운 눈길로 돌아본다.

저런 눈길을 예전에 본 적이 있다. 당신을 어디로든 데리고 가는 그런 시선.

그것은 사랑이다.

높은 점수를 얻고 싶다면

자기 개선 워크숍 참석차 최근에 여행을 많이 다녔다. 그래서 내가 가진 환상을 현실로 만들 수 있었는데, 그것은 그리스 유치원과 초등학교에서 소개된 개인 가치에 대한 수업을 하는 것이었다.

그것은 알아볼수록 쉬워진다. 삶은 에너지이고 그 에너지를 잘 관리할수록 삶이 더 나아진다. 그것은 세 대의 기관포가 한 개씩의 참호를 가지고 있는 컴퓨터상의 게임과 같은 것이다. 그 게임은 바보 같은 움직임이 있을 때마다 참호 하나씩을 잃게 되는 게임이다.

기관포 아래의 모든 참호를 다 잃으면 기관포를 잃는다. 좋은 점은 플레이를 잘하고 규칙만 잘 따르면 참호와 기관포들을 모두 갖게 된다는 것이다.

인생에는 두 가지 상황이 있다. 하나는 당신이 조종을 할 수 있는 것이고 다른 하나는 그렇지 못한 것이다. 조종할 수 없는 것에 시간을 허비할 때마다 당신은 말하자면 참호를 잃는다.

비행기를 탄다고 가정해보라. 여행을 계획하고, 항공사를 선택하고, 항공권을 예매하고, 여행 가방을 꾸리는 것은 당신이 할 일이다. 날씨가 어떨지, 비행기 조종사가 누군지, 비행기가 불시착할지 아닐지는 당신이 염려할 바가 아니다. 이런 것들을 걱정하는 것은 참호를 잃게 할 것이다.

다른 사람들은 뭘 하고 있을까를 걱정하는 것도 당신의 일이 아니다. 당신이 하는 모든 추측과 당신이 꿈꾸는 발생 가능한 시나리오들은 당신의 에너지만 낭비하게 할 뿐이다. 당신이 할 일은 당신이 생각하는 것에 대해 염려하는 것이다.

어떤 형태든 비판이나 험담은 참호를 먹어 치우는 일이다. 그것도 많이 먹어 치우는 일이다. 징징대고 시기하고 분노하고, 성깔 부리고 하는 것들도 다 같은 종류다. 그것은 자기가 독을 들이마시고는 다른 사람이 죽기를 바라는 것과 같다. 당신은 그게 그냥 자기 감정을 토로하는 것이라고 단순히 생각하겠지만 결국에는 이런 부정적인 것들이 당신을 패배하게 만든다. 모든 사람에게 당신의 문제를 이야기하는 것은 도움이 못 된다. 당신의 문제를 직시하고 직면하라. 문제를 해결하려면 전문가에게 말하는 게 더 낫다. 의사를 만나는 것보다는 비용이 적게 들 것이다. 왜냐하면, 머지않아 당신은 병원 신세를 지게 될 것이기 때문이다.

정크 푸드나 먹고, 티브이나 오래 보고, 충분히 수면을 취하지 않고, 소셜 미디어에 너무 많은 시간을 허비하고, 똑같은 낡은 이야기를 반복해서 해대는 것은 참호를 다 먹어 치우는 일이다.

엄마, 남자친구나 여자친구, 당신의 보스한테 매달리는 것은 오로지 당신의 참호를 먹어 치우는 일이지 나 혹은 보스의 참호를 먹어 치우지 않는다.

같은 일을 반복해서 하기만 하면서 당신의 삶을 한 걸음 더 내딛는 용기를 가지지 않는 것 또한 당신을 죽이는 일이다. 처음에는 모르겠지만, 당신이 40대나 50대쯤이 되었을 때 어떤 시점에선가 당신은 그런 자신에게 구역질이 날 것이다. 당신의 그런 일상에 매몰된 삶은 천천히, 고문을 가하면서 당신을 죽음에 이르게 할 것이다.

재능이란 사용하라고 있는 것이지 그냥 쌓아놓으라고 있는 것이 아니다. 만약 당신의 재능을 일에 접목하지 못한다면 그건 당신을 갉아먹는 거대한 고통이 된다. 언젠가 당신은 기관포를 잃어버릴 것이고 당신은 누가 그걸 훔쳤나를 궁금해하게 될 것이다.

무의미한 딜레마 역시 조금 다른 방식이기는 하지만, 당신의 죽음이 될 것이다. 며칠 전 나는 어떤 남자가 특정 티브이 채널의 사회적 책임 프로그램을 찬양하는 대화를 우연히 듣게 되었다. 여자는 세상에는 아무도 들은 적 없지만, 가치 있는 프로그램이 많이 있다고 논쟁하고 있었다. 그리고 그들은 계속 논쟁했다.

내가 이해하지 못하는 것은, 우리가 둘 다를 가졌을 때 왜 꼭 선택해야만 하는 것인가, 이다. 우리는 그것이 어디서 비롯되었든 간에 선한 행동을 환영할 수 있다. 건강하지 못한 선입견은 사람들을 분열시킨다. 그리고 건강하지 못한 선입견은 당신을 마구 먹어 치운다.

또 다른 한편에는 당신의 에너지를 끌어올리고 그 '기관포' 게임에서 승리할 수 있도록 돕는 간단한 일들도 있다. 그것들은 보통 당신이 눈치채지 못하거나 너무 하찮아서 잘 하지 않게 되는 것들인데, '죄송하지만'이나 '감사합니다'라고 말하기, 특히 모르는 사람에게 자리 양보하기, 친한 친구를 위해 깜짝 선물 준비하기, 길거리에서 불쌍한 사람 도와주기 같은 것들이다. 그리고 그런 일들은 돈이 없어도 할 수 있는 일이다. 좋은 말을 하라. 이 같은 모든 일은 사랑에서 비롯되는 것이며, 당신이 이 땅에 존재할 가치가 있다고 느끼게 해 주는, 당신을 기분 좋게 하는 것들이다. 왜냐하면 실제로 그렇기 때문이다.

웃을 이유가 없어도 웃어라. 그러면 웃을 이유가 생긴다. 고개를 높이 들고 똑바로 서라. 그렇게 하면 참호를 얻는다. 이런 승리의 참호들은 처음에는 보이지 않지만 그게 어디서 오든 상관없이, 당신이 기대하지도 않았던 때, 기대하지도 않았던 장소에서 나타날 것이다.

그것이 어디서 오는가는 다른 사람의 일이다. 당신이 할 일은 그렇게 될 것이라 믿는 것이다.

거절해야만 할 때 거절하고 경계를 정하라. 이런 거절의 방식으로는 참호를 얻지 못하지만, 당신이 가지고 있는 참호를 보호할 수는 있다. 먼저 당신의 의견부터 신경 쓰고 그다음에 다른 이들의 의견에 신경 쓰라. 아이들의 경우에서처럼, 우리는 이런 것이 예의 바르지 못하다고 들었지만, 그렇지 않다. 그렇게 하는 것은 당신을 보호하는 것이기 때문이다. 그리고 그렇게 거절하는 일은 타인에게도 역시 좋은 일이다. 왜냐하면 그래야만 그들도 오지랖이 넓어야 할 경우와 그렇지 않아야 할 경우를 가릴 수 있기 때문이다.

운동, 스포츠, 그리고 움직임은 최근까지 과학자들이 내놓은 주장보다 훨씬 많은 참호를 당신에게 줄 것이다. 움직임은 곧 생명이다. 움직임은 내적으로의 지향성과 우울증을 지속적으로 쫓아내 주고 마음과 영혼을 깨끗하게 한다. 올바르게 호흡하는 것도 중요하다. 배를 부풀려서 호흡하라. 그 방식이 올바르게 호흡하는 법이다. 깊게 숨 쉰다는 것은 당신의 삶을 깊이 산다는 것이다. 그리고 물론 물도 많이 마셔라.

당신이 하고 있는 일에 초점을 맞추라. 무리하게 일을 벌이지 마라. 핸드폰에서 모든 경고음을 없애버려라. 만약 당신이 뿜어내는 레이저의 에너지를 한 곳에만 집중시키면, 당신은 벽에 구멍을 낼 수 있다. 그것이 집중의 힘이다.

위대한 일을 한 사람들이 가지는 한 가지 공통점은 그들은 초점을 어디에 맞추어야 할지 알고 있었다는 것이다.

그리고 당신에게 지금 당장 기관포들을 가져다줄 다른 것들이 있는데, 그건 마법 같은 것이다.

그건 바로 감사라는 것이다.
모든 것에 감사하라.

직업이 있든 없든 감사하라. 자녀가 있든 없든 감사하라. 약간 취했을 때 세상의 모든 것을 사랑하게 되는 그런 느낌을 당신은 알고 있을 것이다. 그런 것처럼 감사하되, 알코올의 힘을 빌리지 말고 하라. 특별히 따뜻한 침대가 있고 당신이 건강하다는 것에 감사하라. 모든 것들은 실천해야 제대로 이루어진다. 단지 희망한다고 이루어지는 것은 아니다. 어디선가 건강은 우리 머리 위의 보이지 않는 왕관이며 오직 건강하지 못한 사람들만 볼 수 있는 왕관이란 것을 읽은 적이 있다. 그러므로 눈을 감고 수없이 감사하다고 말해보라. 당신은 당신이 감사해야 할 사람들을 알고 있지 않은가.

매일 독서하고 독서량을 늘려 가라. 밥을 한 끼 안 먹는 것이 독서를 빠트리는 것보다 낫다. 독서는 당신 영혼의 산소이며 당신의 기관포들이 불을 뿜게 해 줄 것이다.

이 모든 일을 실천하면 당신의 삶이라는 컴퓨터 게임은 당신에게 끝없는 삶으로 보상해줄 것이다. 그게 왜 우리가 지금 여기 있는가의 이유이다. 우리 존재의 이유는 '게임 오버'를 위한 것이 아니라 높은 점수를 얻는 데 있다.

약속 시간을 지켜라

영국 사람은 약속을 잘 지키기로 유명하다. 나는 영국에 살았었지만, 시간 엄수에 대한 생각은 그리 깊이 하지 않았다. 3시간이나 준비할 시간이 있었음에도 불구하고 나는 언제나 15분을 늦었다. 나는 일관성이 없었던 것이다. 나와 만나기로 약속되어 있었던 사람은 아마도 약속한 시각에서 15분을 더하면 될 것이다. 나는 늘 15분 늦게 약속에 나갔다.

많은 사람이 나의 이러한 나쁜 점을 지적했다. 그런데 나는 내 작은 세상 속에 있었다. 그들이 별것 아닌 일에 잔소리를 한다고 생각했다. 그러나 작은 일을 다루는 방식이 큰일을 다루는 방식이다. 그것은 도미노 현상과 같다. 만약 당신이 약속 시간을 잘 지키지 않는다면 당신이 하는 일에 있어서도 약속을 잘 지키지 않게 되는 것과 같다. 당신이 하는 일에 있어서 신뢰할 수 있는 사람이 아니라면 이것은 개인적인 관계에도 영향을 준다. 개인적인 인간 관계에서 신뢰받지 못하면 당신 자신은 스스로를 어떻게 신뢰할 수 있겠는가? 결코 신뢰할 수 없다. 그것은 학교에서 배웠던 의사소통의 선박Communicating Vessels, 액체 분자에 가해지는 압력은 모든 방향에서 똑같은 강도로 완전히 전달된다는 파스칼 원리, 남에게 신뢰받지 못하면 그와 똑같이 자신 스스로도 신뢰할 수 없다는 의미과 같다.

안전벨트를 매지 않는 사람들, 밤에 전화를 충전시키지 않는 사람들, 손을 쓰지 않고 이용할 수 있는 기능도 사용하지 않은 채 그냥 운전 중에 전화로 이야기하는 사람들, 달리면서 먹는 사람들, 약속을 지키지 않는 사람들, 자신의 위장을 크게 하듯 자신의 한계를 늘리는 사람들이 있다.

그런 사람들은 본질적으로 '이 바보야, 너는 이런 모든 것을 받을 자격이 없어. 너는 신뢰도 돈도 성공도 받을 자격이 없어.'라는, 광고 게시판에 적혀 있는 것만큼 큰 메시지를 자신에게 보내는 것이다. 당신이 작은 일의 가치를 떨어뜨리면, 그다음엔 큰일도 그렇게 하게 된다. 일이란 게 그런 것이다. 당신의 가게는 일 년 내내 거대한 할인 판매 표지를 붙여놓게 될 것이며, 당신은 어떻게 해서 옆 가게는 언제나 장사를 더 잘하는지 궁금해할 뿐이다.

내 멘토는 내게 게임이란 당신에 의해서 당신을 위해 조작되었노라 말하곤 했다. 이것이 그가 의미한 바다. 부자로 태어날 수도, 가난하게 태어날 수도 있겠지만, 당신이 가진 것으로 게임을 해야 한다. 당신은 딜러이자 겜블러이다. 카드를 더 잘 관리할 수 있는 법을 배워라.

> 당신의 인생을 더 잘 관리할 수 있는 법을 배워라.
> 당신 자신을 더 잘 관리하라.

이것은 작은딸이 내게 한 말이기도 하다. 어느 날 밤에 우리는 이를 닦고 있었다. 딸이 "아빠, 나는 코를 긁고 싶지 않은데 오른손이 저절로 코를 긁어요!"라고 했다.

당신 손이 원하는 대로 하도록 두지 말라.

당신은 *6살배기가 아니지 않은가.*

위대한 사람들

우리는 바바라 스트라이샌드의 '우리의 지난 모습The Way We
Were' 사운드 트랙을 듣고 있었다. 우리의 이야기는 탁월한 배우
인 로버트 레드포드1936년생 배우로 옮겨 갔다. 그의 모든 영화에는
뭔가 마법 같은 것이 있다. 내추럴The Natural, 아프리카로부터Out
of Africa, 브루베이커Brubaker, 1980년 로버트 레드포드가 교도소장 헨리 브
루베이커로 나와 부패하고 폭력적인 형벌 제도를 고치려고 한다., 은밀한 유혹
Indecent Proposal, 낯선 사람이 아내와 하룻밤을 보내는데 백만 달러를 제안하
면서 혼란에 빠지는 내용으로 영화는 세계적인 흥행에 성공했다. 등 그의 모든
영화가 다 그렇다.

그는 지금 80세가 넘었지만, 여전히 시선을 끈다. 내 친구는 젊
은 영화 제작자들을 위해 로버트 레드포드가 만든 선댄스 페스티
벌을 이야기했다. 그는 그가 가졌던 꿈처럼 다른 사람들이 꿈을

이루도록 도와주기를 원한다고 한다. 그는 꿈이 있고 열정이 있다는 것이다. 그리고 그는 자신의 꿈과 열정을 나누어야 한다고 생각한다고 했다.

최근에, 높은 윤리 의식의 소유자이자 말수가 적은 니코스 갈리스1957년생 미국 농구선수가 명예의 전당에 오르면서 한 인터뷰를 봤다. 경기장 안에서나 밖에서는 전설적인 인물이자 역사상 아마 가장 뛰어난 농구선수로 꼽히는 그는 많은 말을 하지 않았다. 그는 순백의 수트 재킷과 검은색 나비넥타이를 하고 연단에 올라 3분간 잊을 수 없는 연설을 했다.

그는 테살로니키 거리에서 그에게 다가온 어떤 숙녀에 관해 이야기했다. 처음에 그는 그 숙녀가 사인을 받으려는 걸로 생각했다고 한다. 그런데 사인받는 것 대신 그 숙녀는 그를 안아주며 감사의 인사를 했다고 한다. 유럽 농구 챔피언십 경기에서 그리스가 우승할 때까지 마약 중독자였던 아들이 갈리스에게 감명을 받고는 마약을 끊고 갈리스 같은 농구선수가 되었다고 했다.

"이것이 바로 운동선수가 사회에 줄 수 있는 가장 위대한 선물입니다."라고 그는 겸손하게 말했다. 사람들은 기립 박수를 쳤다.

그리고 나는 최근 1억 달러 계약에 서명한 또 다른 전설적인 농구선수 야니스 아데토쿤보에 대해 생각했다. 모든 미디어의 관심에도 불구하고 그는 자기가 해오던 대로 했다. 그는 여전히 매일 연습을 계속하면서 코트 안팎에서 우리에게 교훈을 준다. 미국의 대통령이 당신에 관해 이야기하더라도 어렸을 때 당신이 배웠던 겸손함과 윤리 의식을 가지고 행동한다면 당신은 논쟁의 여지없이 위대한 사람 중의 한 사람이다.

세상에는 단지 선하기만 한 것이 아니라 위대한 사람들이 있다. 누구도 그들에게 무엇을 하라고 요구하지 않았다. 누구도 그들에게 목표를 높이 세우라고 강제하지 않았다. 그런데도 자기가 세운 드높은 목표를 향해 할 일을 묵묵히 하는 그들을 지켜보라. 그들은 멈추지 않는다. 그들은 다음 단계의 정상을 계속 찾고 있다. 그들은 그들의 월계관 위에서 쉬지 않는다. 그들은 나누기를 원한다. 그들은 세상을 더 나은 곳으로 바꾸기를 원한다. 그들은 돈을 위해 그런 일을 하지 않는다. 물론 그들은 돈을 벌지만, 그렇다고 그것이 그들이 하는 일의 이유는 아니다. 그런 사람들이 위대한 사람들이다. 그들을 뭐라고 설명할 말을 찾을 수 없을 때, 당신은 그들이 누구인지 알게 될 것이다.

최근에 나는 한 워크숍에 참석했는데, 연사가 참석자들에게 남아프리카의 남자 화장실에서 촬영한 영상을 보여주었다. 그 영상의 진짜 스타는 청소부였다. 워크숍 연사가 남자 화장실에 들어가자마자 그 청소부는 그에게 너무나 반갑게 인사했다.

"제 사무실에 오신 것을 환영합니다!"라고 그 청소부는 말했다.
"많은 사람이 매일 여기에 오지요."

그는 계속 이야기했다.

"저는 그들이 여기 들어왔을 때보다 나갈 때 더 행복하기를 원하지요. 그게 그들을 향한 제 책임이죠. 그게 제가 할 수 있는 한 최선을 다해 화장실을 청소하는 이유랍니다. 저는 이 시멘트 사이사이의 회반죽 하나하나를 최대한 정성 들여 문질러 닦는답니다. 제 일이 좋습니다."

활짝 웃는 그에게서는 긍지가 철철 넘쳐나고 있었다. 그의 눈도 활짝 웃고 있었다. 영상이 끝날 무렵 내 눈에는 그런 사람들이 존재한다는 것에 대한 감사의 눈물이 솟구쳤다. 그들이 진정 위대한 사람들이다.

우리는 위대하게 태어나지 않는다. 위대하게 되는 것이다. 위대하게 되는 데는 당신이 무엇을 하느냐 하는 것은 중요하지 않다. 어떻게 하느냐가 중요하다.

남자 화장실의 그 놀라운 청소부처럼.

85

나방

무지개 빛깔의, 연약하고 정교한 그것이 처음에는 무엇인지 잘 알 수 없었다. 그러나 눈처럼 하얀 것이 목욕실 창문 위에 있었다. 나방이었다. 나방 혹은 밤의 나비라고 불리는 그것들은 가끔은 나비보다 더 예쁘게 보이기까지 한다.

세상에 중립적인 행동이란 없다. 모든 행동은 긍정적이든 부정적이든 어떤 영향을 끼친다. 무엇보다 먼저 행동은 당신의 내면에 영향을 끼친다.

예를 들어 아파트를 임대한다고 하자. 당신이 이 아파트를 어떻게 사용하는가에 따라 당신이 이사할 때 아파트의 상태에 플러스 부호나 마이너스 부호가 기재될 수 있다. 만약 아파트가 깨끗하고 손상이 없으면 플러스 부호일 것이고, 관리를 잘 하지 않아 더럽게 방치되었다면 마이너스 부호이다.

그 플러스 부호들이 더해지면 재정 총액은 늘어난다. 그러나 마이너스 부호들이 누적되면 그 마이너스 부호들이 재정 총액을 먹어 치운다. 그러면 어떤 시점에서 당신은 "내 인생이 어디로 갔지? 나는 왜 실패했을까? 누가 내 인생을 도둑질했지?"라고 의아하게 생각할 것이다. 그때 생각해보라. 당신이 그 임대 아파트를 어떤 모양으로 남겨두고 떠났는지를….

쓰레기를 아무 데나 버리고, 최상의 것만 찾고, 꿈은 보류하고, 인생은 낭비하고, 스스로에게 악담하고, 자기 계발을 멈추고, 남을 판단하고, 소셜 미디어에, 알코올에, 도박에, 티브이에 중독되고 하는 이 모든 것들은 당신의 책임에 추가된다.

좋은 말을 하고, 독서하고, 다른 사람들과 토론하고, 자기 계발을 하고, 도전하고, 안락한 영역을 부수고, 운동하고, 바르게 식사하고, 남을 도와주고, 함께 팀 플레이어로 순조롭게 일하고, 긍정적으로 사고하고, 자신을 믿고, 남은 음식은 버리지 말고 필요한 사람에게 주고, 물병에 남은 물은 마른 관목에 붓고…하는 이 모든 것들이 당신의 자산이다.

그렇게 살면 자산이 불어나는 것을 당장 느낄 수 있을 것이다. 부채가 늘고 줄어드는 것도 같은 식이다. 당신은 당신의 계좌에 얼마가 남았는지를 알기 위해서 앉아서 계산할 필요가 없다. 하루 일이 끝나고 장부를 확인할 필요조차도 없다. 당신은 그 계산을 하기도 전에 벌써 누구보다도 스스로가 당신의 자산 상태를 잘 알 것이기 때문이다.

당신은 적색 신호등에 멈추지 않고 지나간다. 교통경찰이 없어서 당신은 행복한가. 그러나 잠깐만! 당신이 무슨 일을 했는지는 당신이 너무 잘 안다. 당신은 당신의 부채에, 당신이란 인간의 가치에, 당신의 자존감에 마이너스 부호를 더한 것이다.

다른 사람의 이목을 위해 살지 마라.
당신 자신을 위해 살라.

오늘 아침 샤워를 하다가 물속에서 나방 한 마리가 퍼드덕거리는 것을 보았다. 실수로 그만 나방이 흠뻑 젖게 되었다. 마음이 좋지 않았다. 그 나방을 말려주려고 키친타월을 가져오고, 거기에 설탕까지 조금 놓아두었다. 나방을 살리려고 내가 할 수 있는 것은 무엇이든 했다. 플러스 부호! 나방이 회복된 것이다!

글쎄 그게 그렇게 중요한 일일까? 이 우주에서 나방 한 마리가 사라진다고 해서 달라질 일이 있을까?

내게는 그렇다. 달라질 일이 있다.

86

공사장 인부

2005년의 일이다. 우리는 그때 막 새 사무실로 이사했다. 건축가 친구는 아주 넓은 공간을 만들었다. 그 공간은 사무실 빌딩의 1층에 있었다. 1층은 당분간 비어 있었다.

"1층은 아무한테도 세놓지 않는다고 약속해."
그가 내게 말했다.
"공사판이 얼마나 시끄러운지, 아마 자네 미칠 걸세."
"벌써 세 놔버렸는걸." 하고 나는 친구에게 말했다.
"그 사람들 두 달 뒤에 리모델링 시작한다던데…."

"아이고!"가 친구의 첫 반응이었다. 나도 그랬다.
"그렇지만 말이야 미트소스, 좀 기다려봐. 이 사람을 먼저 한번 보자구. 그는 그다지 나쁘진 않을 거야."라고 나는 반박한다.

"아니야, 처음부터 기본 규정을 정해야 돼. 건축기사들이 공사판에서 소음을 안 만든다는 건 있을 수 없는 일이야. 자네가 일할 수 있도록 먼저 방음 처리 자재부터 세우는 걸 분명히 해야 하네."

"좀 있어 보게, 미트소스, 친구여. 그와 이야기부터 해보자구."

"이번 일은 내 말을 들어. 나는 이 사람들을 잘 알아. 그들하고는 이야기라는 게 안 통해. 자네는 말이야, 누가 더 센지 반드시 보여줘야 해."

아래층으로 내려가기도 전에 그 건축 팀 감독이 나를 만나러 올라왔다.

코스타스라는 이름의 그는 온 얼굴에 웃음을 머금고 있다. 정직하고 열심히 일하는 사람으로 보인다. 그는 내가 이 빌딩에 온 것을 환영한다는 뜻으로 빵집에서 도넛까지 사서 들고 올라왔다.

우리는 이야기를 시작한다. 처음부터 아예 존칭을 없애고 이름을 불렀다. 내 친구가 걱정하는 바를 이야기했다.

"걱정하지 마세요. 스테파노! 우리는 1층에서는 중요한 일을 하지 않아요. 비중이 큰 일은 지하실에서 진행될 거예요. 소음 때문에 성가실 일은 없을 겁니다. 그리고 만약 그런 일이 있으면 나한테 이야기하세요."

친구가 말했던 "강력히 주장하라."고 하던 말이 머릿속에 맴돌

았지만 일단 그 말은 옆으로 치워두었다.

1년 뒤, 코스타스는 내게, 내가 아는 가장 좋은 사람 중의 한 사람이 되었다. 사무실의 직원들은 모두 자신들의 차를 코스타스의 주차장으로 갖다 놓는다. 왜냐하면 그의 주차장은 합리적인 가격에 최고의 서비스를 해주기 때문이다. 그는 내게는 친구라기보다 형제 같은 사람이다.

미리 그럴 것이라고 추측하지 마라. 수다에 귀 기울이지도 마라. 각각의 경우는 모두 다르고 특별하다. 당신이 뭔가를 안다고 생각할 때, 그때 당신은 틀리게 된다.

가정하지 마라.
직접 뛰어들어 인생을 살아라.

당신의 새장에서 나오라. 아름다움과 사랑과 인간다움을 보라. 자유롭게 살며 보다 큰 그림을 펼쳐라. 그러면 당신은 모든 것을 보게 될 것이다.

어떤 남자가 공항 라운지에 앉아 신문을 읽고 있었다. 한 여자가 그 옆에 앉아 있고 그 남자 옆에는 과자 상자가 있다. 여자가 남자에게 물어보지도 않고 손을 뻗어 과자를 먹는다. 남자는 그녀를 힐끗 한 번 보더니 아무 말도 하지 않는다.

조금 지나자 여자가 과자를 하나 더 집어 먹는다. 그때까지 남자는 아무 말도 하지 않았지만 화난 기색이 역력해진다. 그리고 또 그와 여자가 과자를 하나씩 집어 먹는다. 남자 얼굴이 화가 나서 창백해진다. 이제 과자는 하나 남아 있다. 여자가 뻔뻔스럽게도 그에게 몸을 돌리더니 "이 마지막 과자 먹을 거예요? 아니면 내가 먹어도 되나요?" 하고 묻는다.

남자가 과자 상자를 거머쥐더니 화가 나서 어쩔 줄 모르며 쿵쾅쿵쾅 발소리를 내며 떠난다. 남자가 비행기에 타서 자리를 찾아 앉는다. 그리고는 진정하려고 가방을 열어 책을 꺼낸다. 그런데 보라! 그 가방 안에는 건드리지도 않은 과자 상자가 있다. 좀 전의 모든 일은, 남자가 여자의 과자를 물어보지도 않고 먹은 것이다. 그런데 여자는 마지막 남은 자기의 과자를 남자에게 권한 것이다.

당신이 가정해서 어떤 일을 추측할 때 어떤 일이 일어나는지 기억하라. 가정하고 추측하면 바보 되기가 딱 좋다.

절대 포기하지 마라

당신에게는 당신의 문제가 있다. 우리 모두 그렇다. 그것은 일부분이다. 살아있는 한 언제나 문제가 있다. 정말 문제는, 그 문제를 가지고 당신이 무엇을 하는가이다. 그게 인생의 전부다.

어떤 사람들은 그냥 앉아서 문제를 바라보기만 한다. 일반적으로 긍정적이라고 받아들여지는 방식으로. 어느 시점에 문제는 사라질 것이라고 그들은 말한다. 그러나 그 빌어먹을 문제는 사라지지 않는다. 긍정적인 생각만으로는 당신은 원하는 것을 가질 수 없을 것이다. 그와는 반대로 결국 그런 방식은 당신이 틀렸다는 것을 입증할 것이고, 당신을 실망시키게 될 것이다. 희망이란 단지 기초일 뿐이다. 희망이 스스로 건축을 하지는 않는다. 문제가 있는 곳에 있으면서 문제를 해결하라. 나는 희망 부문에서는 A+를 받았다. 그러나 실천 부문에서는 F 학점을 받았다. 그런 현상은 의기소침, 실망, 우울증, 그리고 아픔과 같은 것들을 위한 완벽한 조합이었다. 그러나 자신의 문제와 투쟁하는 사람들이 있다. 그들은 열심히 문제를 해결하기 위해 노력한다.

그들은 인생의 체육관에서 몇 시간 동안 끝까지 계속해서 땀을 흘린다. 체육관의 장비를 과격하게 사용해 운동한다. 그러나 그 철봉은 구부러지지 않는다. 그 철봉이 구부러지지 않으면 않을수록 이런 사람들은 더 운동을 많이 한다. 그들에게 인생은 끝나지 않는 운동과 같다.

다른 사람들은 벌써 오래전에 포기한다. 그들은 배를 바위에 부딪혀 깨지도록 내버려 둔 사람들이다. 그들은 자신들의 문제를 마루에 수북이 쌓인 더러운 빨래 더미처럼 쌓아둔다. 그러면 인생은 캄캄하고 끝없는 막다른 길에 다다르게 된다. 여기에 많은 분노가 있다. 그러나 변화를 시도하는 어떤 질문도 하지 않는다. 내게는 이런 문제를 가진 친구가 있다.

"동기부여 워크숍에 같이 가세."
어느 날 그 친구에게 나는 제안한다.
"그런 데 가느니 차라리 죽겠네."라고 그는 대답한다. 그래 정 그렇다면 좋아. 그건 자네가 결정할 문제니까.
그러나 어떤 사람들은 조금 더 깊이 문제를 본다. 비단 그들에 대한 이야기만은 아니다. 그들은 멈추지 않는다. 그들은 뭔가를 건설한다. 언제나 자기가 더 잘할 수 있는 것이 무엇인지 궁금해한다. 실수를 두려워하지 않는다. 만약 벽돌을 비뚤게 쌓았다면 그들은 그것을 꺼내서 똑바로 집어넣는다. 벽돌 한 장 비뚜름히 들어갔다고 해서 세상이 끝나는 것은 아니다. 단지 그 비뚤게 쌓은 벽돌을 바로 집어넣지도 못했는데 시멘트가 그냥 굳어버린다면 그때는 좀 문제가 된다. 그들 역시 체육관에 가지만 무리하지 않는다. 하루 30분 정도 운동하면 충분하다. 이런 사람들은 인생을 사랑하고, 인생도 이런 사람들을 사랑한다.

어떤 범주에 당신이 속하든, 당신에게는 금고를 열 때의 콤비네이션 번호처럼 자신만의 조합이 있다. 하나는 3번이고, 다른 하나는 4번이나 14번인 것처럼. 매번 인생의 문제를 해결하는 번호를 찾을 때마다 다이얼 소리가 짤깍, 하고 난다. 그리고 그 비밀번호를 찾은 것을 기념할 동안 당신은 고무되어 다음 단계의 비밀번호를 찾아야겠다고 마음먹게 될 것이다. 많이 찾으면 찾을수록 더 많은 것을 발견하게 된다.

땅속에 두 개의 씨앗이 있었다. "나는 크게 자랄 거야."라고 한 개의 씨앗이 말했다.

"나는 내 머리로 땅을 찔러서 크게 자랄 거야. 너는 내가 그렇게 되는 걸 보게 될 거야!"

그리고 그 씨앗은 쉼 없이 자랐다. 그러는 중에 씨앗은 돌덩이와 잔가지들과도 부딪쳤지만 즐겁고 용감하게 계속 자라났다. 결국은 땅을 뚫고 크게 자랐다.

"얼마나 오랫동안 위로 밀어야 하지?"

다른 씨앗은 불평했다.

"내가 가는 길을 막는 이 돌덩이들과 잔가지들은 끝이 없단 말인가? 이 장애물들은 언제나 내 길을 막을 것인가?"

그 다른 씨앗은 툴툴댔다. 그 씨앗도 자랐다. 그러나 불평하느라 진심을 다한 성장이 아니었다. 그리고 어떤 시점에서 그것은 지쳐갔다.

"난 더 이상 못하겠어."

결국, 그것은 그렇게 말했다. 그리고 포기했다. 햇빛이 있는 땅 위로 솟아오르기 1밀리미터 아래에서.

절대 포기하지 마라.

흙을 부수고 햇빛 비치는 곳으로 떠오를 곳까지 당신은 단지 작은 돌멩이 하나 너비만큼밖에 안 떨어진 곳에 있을 수도 있다는 것을 당신은 결코 알 수 없기 때문이다.

88

한 걸음만 더, 조금만 더

9월이었다. 나는 에게해의 아모르고스섬에 있었다. 섬의 수정 같이 맑은 물에서 수영을 하고 돌아오는 길에 나는 성 조지 발사 미티스Saint George Valsamitis 수도원 표지판을 본다. 뭔가가 거기로 가라고 내게 말하고 있다.

첫눈에 그 수도원은 인상적이었다. 아담하고, 반짝반짝 빛이 날 만큼 깨끗하고, 인형의 집처럼 예뻤다. 인사를 하고 나서 나는 작은 응접실로 안내되었다. 수녀들은 길쭉한 유리잔에 담은 얼음 물과 터키 과자로 대접했다. 벽에 걸린 홀륭한 성화 컬렉션에 눈 이 갔다. 나는 이 성화들을 그린 사람이 누구인가 물었다. 그 성화 를 그린 사람은 지금도 그 수도원에서 봉사하고 있는 이레네 수녀 원장이라고 한다. 나는 얼른 그 원장 수녀를 만나고 싶었다.

그녀는 밖에서 꽃에 물을 주고 있었다.

에너지와 낙천주의를 뿜어내는, 생에 대한 열망으로 가득한 밝은 눈을 가지고 있는 수녀원장은 비교적 젊었다. 그녀는 6년 전 아테네에서 아모르고스로 옮겨왔다. 그녀가 판자로 둘러쳐진 이 수도원을 보았을 때 그녀는 그만 이 수도원과 사랑에 빠지게 되었고 모든 것을 내려놓게 되었다고 한다.

수도원은 300년이나 문을 닫고 있었는데 이레네 원장이 복원시켜서 지상의 천국으로 만든 것이다. 그녀는 300그루의 나무를 심었고, 중성화시키고 예방 접종을 시킨 20마리 이상의 고양이를 키우고 있다. 그녀는 실천하는 사람이다. 그녀는 동이 트면 소매를 걷어붙이고 오직 밤에 잠자리에 드는 시간에만 일을 멈춘다. 하루 종일 그녀는 부드러운 사랑으로 수도원을 돌본다. 생기 있고 활동적이며 유능하고 쾌활한 그녀는 우리가 진정 따라야 할 좋은 표본이었다.

자신의 모든 것을 자신이 하고 있는 일에 쏟는 사람이 있음을 당신도 알 것이다. 그런 사람들은 그리스에 있건 미국에 있건 사하라 사막이나 혹은 달에 산다 해도 자신이 누구인지를 발견하는, 어떤 곳에서도 운명적으로 성공할 사람들이다. 그들은 성공밖에 할 수 없는 사람들이다. 그들의 성공은 떠오르는 태양을 멈출 수 없는 것과 같은 일이다.

성공하는 이들에게는 안내자가 없다. 그들은 자신의 방식대로 산다. 그들은 쉬면 근질근질해서 못 사는 사람들이다. 아침에 침대를 박차고 일어나서는 사무실이든 다른 프로젝트든 일하러 가고 싶어 안달이 나는 사람들이다. 그들의 마음에서는 끊임없이 새로운 아이디어가 떠오른다. 그들의 내면에서는 다른 사람들과 나눌 필요가 있는 무언가가 넘쳐 나온다. 그들은 10을 요구하면 100을 주고, 100을 요구하면 1,000을 주는 사람들이다. 자기가 다른 사람에게 기쁨을 주고는 자신들이 더욱 기뻐하는 그런 사람들이다.

그들은 찬물 한 병을 권하면 활짝 웃는, 당신을 태우기 위해 기다리는 택시 운전사일 수도 있고, 최고 연봉을 받는 사람처럼 열심히 일하는, 그러나 사실은 최저 임금을 받는 사무실 직원일 수도 있고, 골판지 상자를 모아 예술가처럼 보기 좋게 쌓은 파키스탄 사람일 수도 있다.

대부분의 사람이 이해하지 못하는 것은, 이런 사람들이 찬양을 받기 위해서나 돈 때문에 그렇게 열심히 하는 게 아니란 것이다. 그들은 자기 자신을 위해 그렇게 한다. 그런 열심은 그들에게는 산소나 마찬가지다. 만약 그들에게서 그것을 빼앗으면 그들은 죽을 것이다.

왜 영웅을 찾는가.

당신은 당신 자신의 영웅이 될 수 있는가?

이레네 수녀원장은 밖에서 영웅을 찾지 않는다. 나는 확신
한다.

나누라

　그는 다른 친구들에 비해 오랜 시간을 알지는 않았지만 좋은 친구다. 10년은 조금 안 되게 알고 지냈지만, 그는 내게 형제 같은 사람이다. 얼마간 그는 허리가 아파서 투덜댔다. 결국 나는 그에게 내가 일 년 내내 수영을 하는 것처럼 수영을 시작해보라고 설득했다.

　그에게서 전화가 왔다. 말을 하기도 전에 그는 웃음부터 터뜨렸다.
　"이봐, 너 그거 알아? 허리 아픈 게 없어졌어! 지금 내 마누라도 수영을 해. 마누라는 수영을 사랑한다네. 우린 같이 수영해."
　나는 뛸 듯이 기뻤다.

　누가 내게 일 년간 수영을 해 보라고 해서 했더니 내 인생도 역시 바뀌었다. 오늘 아침 달리러 나갔을 때 역시 달리는 다른 사람들을 보았다. 나는 언제나 그들에게 좋은 아침이라고 인사한다. 각 사람마다 어떻게 대응하는지를 보는 것은 즐겁다. 한 남자는 나를 수상한 듯 쳐다보고는 내게서 좀 안전하다 싶게 멀어졌을 때 인사를 해 온다. 어떤 여자는 한참 멀리서부터 좋은 아침이라고 소리친다. 어제 나는 다른 남자와 농담을 했다. 그가 뛸 때마다 열쇠 꾸러미가 호주머니 안에서 쟁그랑댔다. 오늘 그는 열쇠를 차 안에 두고 왔다고 손짓했다. 또 다른 숙녀는 딱 한 번 인사하고 말더니 이제는 나를 보고 웃는다.

어떤 사람은 여왕과 차를 마시듯 우아하게 웃고, 어떤 사람은 우리에게 내일은 없다, 식으로 막무가내로 떠나갈 듯 크게 웃는다. 어떤 때는 두 사람이 한꺼번에 웃어서 나는 두 배의 즐거움을 얻는다.

그중 한 남자—나는 그가 영국인이라고 생각한다—는 여유롭게 낄낄댄다. 또 한 사람은 익살맞은 사람인데 그는 매일 아침 나를 향해 직진으로 달려오다가 마지막 순간에 비켜서 달린다. 어느 날엔가 반드시 우리는 부딪칠 것이라고 나는 거의 확신한다. 달리다 보면 거기엔 모든 웃음의 스펙트럼이 있다. 내 인생의 무지개 스펙트럼 같은 좋은 아침이 있다.

비록 단 한 사람이라도 당신에게 당신이 그들의 삶에 변화를 가져다주었다고 말한다면, 당신의 인생은 살 가치가 있다.

나눔은 마법 같다. 어떤 것이든 나눌 수 있다. 한 권의 재미있는 책, 유용한 습관, 한마디 좋은 말, 아침 인사, 웃음. 당신이 함께해 줄 필요가 있을 때 다른 사람의 고통을 나누어라. 그들의 행복을 기뻐하라. 안아 주고, 등 두드려 주고 손 잡아 주는 이 모든 것은 당신이 사는 이유의 일부이다. 미국 작가이자 강연자인 지그 지글러Zig Ziglar, 1926-2012, 자기 계발과 동기부여 분야의 세계적인 전문가는 말한다.

"만약 타인이 원하는 것을 가질 수 있도록 당신이 힘을 다해 도와준다면 당신이 원하는 것 모두를 얻을 수 있다."라고.

그는 자기가 무슨 말을 하는지 알고 있는 사람이다.

몇 년 전 한 강사가 그리스를 방문했다. 그는 IT 분야에서 중요한 사람이었다. 그는 아침형 인간이기도 했다. 해가 뜨기 전 아테네 올림픽 스타디움에서 그는 달리기를 하려고 나갔다. 그는 그때의 일출에 얼마나 매료되었는지 나중에 우리에게 이야기해주었다. 그는 행복했다고 한다. 그러나 그는 이렇게 말했다.

"그래도 뭔가 빠진 게 있는 것처럼 느껴졌어요. 나에게는 그 황홀한 일출의 광경을 함께 나눌 사람이 없었다는 겁니다. 아내가 거기 함께 있었다면 얼마나 좋았겠나 싶었죠."

그 말을 하는 그의 눈에 눈물이 차오르던 모습을 나는 기억한다. 그 말을 들은 우리도 눈물이 차올랐다.

너무 많은 일을 벌이지 마라

함께 일을 보러 가려고 친한 친구를 픽업했다. 둘 다 같이 아는 다른 친구로부터 문서를 받기 위해 도중에 멈춰야 했었는데, 그녀는 그 친구를 본 지 한참 되었다. 그들은 만나기를 기대하고 있었다.

우리는 그가 일하는 곳에서 1분도 안 되는 곳에 있고 그녀의 휴대폰이 울린다. 그녀가 가방을 샅샅이 뒤질 동안에도 휴대폰은 계속 울린다. 마침내 그녀는 휴대폰을 찾아 이야기하려고 하지만 주저주저하다가 그만 녹색 버튼을 재빨리 누르지 못한다. 어쨌건 그녀가 전화를 받았을 때 전화를 걸어 온 사람은 전화를 끊는다. 실망한 그녀가 다시 전화하지만 상대편 전화는 통화 중이다. 전형적인 현상이다. 상대방 역시 그녀에게 다시 전화하지만 이번엔 그녀가 끊는다. 몇 초 뒤에 그녀는 부재중 전화가 왔었다는 메시지를 받는다. 그녀는 몇 분 후 다시 전화를 건다. 상대방도 그녀와 똑같이 전화를 건다. 서로에게 전화를 걸지만 또 끊어지고, 또 다른 부재중 전화 메시지가 뜬다.

조금 뒤 우리는 친구의 사무실에 도착했다. 그가 우리를 맞으러 나오고 우리는 서로 반갑게 포옹한다. 그리고 이야기를 나눈다. 대화가 이제 막 시작되는데, 그녀의 전화가 다시 울린다.

실없는 짓이 똑같이 반복된다. 그녀는 핸드백 안에서 전화를 찾느라고 난리고, 녹색 버튼을 재빨리 누르지 못한다. 그러나 이번에는 아까보다는 조금 빨리 녹색 버튼을 누른다. 한편, 그녀의 친구는 그녀가 하던 이야기를 마저 끝내주기를 기다린다. 그녀는 얼른 전화를 끊지만 이미 이야기하던 것이 무엇인지 잊어버렸다. 우리는 무슨 이야기를 하다 말았는지 찾으려 애쓰지만 벌써 가야 할 시간이 되었다. 그녀가 작별 인사를 한다. 나는 이 모든 바보 같은 실패에 대해 겨우 웃음을 참고 있다.

휴대폰에는 '무음 모드'라는 훌륭한 기능이 있다. 굉장히 유용한 기능이다. 만약 그녀가 처음 전화벨이 울렸을 때 '무음 모드'를 사용했더라면, 자기가 그렇게 보고 싶어 했던 친구들과 이야기를 다 끝낸 뒤 전화를 해줄 수 있었을 것이다. 그리고 모든 일은 괜찮았을 것이다. 그랬다면 그녀는 우리가 만났던 그 자리에 있었던 셈이 되었겠지만, 그녀는 그러지 못했다. 그날의 일은 마치 그녀가 풍선을 찔러 구멍을 내놓고 다시는 풍선을 불 방법이 없었던 것 같은 형국이었다. 이것이 우리가 하는 짓이다. 그리고 이것이 우리가 크고 작은 일들을 놓치는 방법이기도 하다.

우리는 어떻게 집중하고 에너지를 사용하는가를 배우지 않는다.

이 세상의 위대한 사람들은 이 두 가지를 목숨을 다해 지킨다.

심해 다이빙을 즐기는 또 다른 친구가 있다. 사실 그는 나의 가장 친한 친구다. 그는 정말 깊이 다이빙을 하는데 나는 그가 다이빙하는 것을 관찰해오고 있었다. 그는 뱀장어처럼 미끈하게 물속으로 미끄러져 들어간다.

그는 자신을 물속에 밀어 넣지 않고, 불필요하게 움직이지 않는다. 그렇게 해서 그는 집중력과 에너지를 모으는 것이다. 그리고 숨도 모은다. 그래서 그가 깊은 바닷속에 있을 때는, 다른 어떤 것도 거기엔 존재하지 않는 것 같다.

내게는 이런 방식이 살기 위한 유일한 방식이다.
바로, 나 외엔 어떤 것도 존재하지 않는 것처럼 집중하는 것.

난파선

아주 좋은 친구들과 저녁 식사를 하기로 예정되어 있었다. 우리 셋은 많이 다르다. 다른 성격, 다른 직업, 다른 세계관이 그렇다. 그러나 우리는 또 대단히 비슷하기도 하다. 사물을 느끼는 방법이 그렇다. 뮤지션들이 하이 노트high notes, 가성과 두성을 이용해 최대한의 고음을 끌어내는 창법으로 다섯 옥타브 반을 넘나든다.라고 부르는 것인데, 그것들이 모든 차이점을 만든다.

우리의 대화는 바로 시작되었다. 오늘 밤의 대화는 운에 관한 것이었다. 성공한 사람들은 그저 운이 좋은 것일까? 그들은 자신만의 마법이 있는 것일까? 행운은 존재하는가? 아니면 사람들이 그들 자신의 행운을 만드는가? 그리고 만약 당신이 행운을 만든다면, 그런 사람은 단지 선택된 몇 사람에 불과한 건가? 아니면 이 모든 것은 사람들이 인생의 바닥을 치고 아이들은 굶주리게 될 때 그저 허풍 떠는 것에 불과한 건지도 이야기했다.

우리는 두 가지 의견으로 나뉜다. 두 사람은 말하고, 다른 두 사람은 듣다가 이의를 제기했다. 그리고 의견에 대한 설명을 들었다. 이건 풍성한 토론을 위한 최상의 조건이다. 그리고 사실 토론은 다채로웠다.

우리는 많은 이야기를 했다. 그것을 간추리면,

사람은 행운을 가지고 태어나지 않는다는 것.
사람은 열심히 일할 때 자신의 행운을 만든다는 것이다.

사는 일에 고난은 주어지는 것이다. 그러나 고난이 당신을 힘들게 할수록, 더 좋다. 그러면 행운의 비밀은 무엇일까? 절대 포기하지 않는 것이다. 일곱 번 넘어지더라도 여덟 번째 일어나라. 그리고 귀를 닫아라. '안 된다', '하지 마라' 같은 소리는 듣지 말라. 에디슨이나 디즈니, 아인슈타인, 잡스 같은 위대한 사람들은 그런 부정적인 말을 하는 사람들에게는 거의 귀를 기울이지 않았다.

그러나 비록 당신이 좋아하지 않더라도 앞으로 나아가기 위한 좋은 규칙은 많이 있다. 듣기만 해도 머리가 핑핑 돌 것이다. 사람들은 무언가를 잘할 수 있으려면 그 전에 1만 시간을 연습해야 한다고 말한다. 하루 3시간으로 잡는다면 10년이 걸리는 시간이다. 그 시간 동안 노력하느니 차라리 못난 부모를 비난하는 것이 쉬울 것이다. 아마 당신은 습관을 바꾸기를 원할 것이다. 일찍 일어나고, 운동하고, 혹은 독서를 하는 습관으로. 당신의 몸이 그런 것에 익숙해지고, 그런 습관이 두 번째 천성이 되려면 쉬지 않고 66일을 꼬박 연습해야 한다. 그건 어려운 일이다. 우리는 보통 그다음 날 포기한다.

위험을 감수하는 것이 정말 필요하다. 만약 그렇지 않다면 당신은 끝장이다. 결국, 마지막에 당신은 잃을 것이 없다. 그리고 일이 잘 풀리지 않는다고 해도, 최소한 뭔가를 배웠기 때문에 당신은 그래도 승리자다. 당신의 실수를 사랑하고 실수하는 것을 두려워하지 말라. 모든 실수는 인생 경험의 일부이다.

우리의 대화는 니코스 카잔차키스의 책 『신의 구원자들The Saviours of God』을 인용하는 것으로 끝이 났다.

"우리의 몸은 깊고 푸른 바다 위를 항해하는 선박이다. 우리의 목표는 무엇인가? 난파되는 것이다."

어느 날 아침, 해안 산책로를 따라

오늘 아침 일찍 일어났다. 도저히 일찍 일어날 기분이 아니었지만, 뛰러 나가야 한다는 나와의 약속을 지키기 위해 일어났다. 일찍 일어나 달리러 나가지 않았어도 누가 뭐라 하지 않았을 것이지만 말이다. 결국 나는 나의 길을 간 셈이다. 그러나 작은 일에 약속을 지키면 큰일도 감당할 준비가 된다는 것을 나는 이제 안다.

나는 해안 산책로를 따라 8킬로미터를 달린다고 말했다. 6킬로미터쯤 달렸을 때 그만둘까 생각했다. 그런다고 누가 뭐라 할 것도 아니었을 것이다. 그러나 내가 만든 약속을 존중하고 싶었기 때문에 그만두지 않았다. 마지막에는 약속한 8킬로미터뿐만 아니라 5백 미터를 더 달렸다. 나 스스로와의 약속을 지켰다는 것 때문에 기분이 근사했다.

어느 지점에서는 도로 공사 중이어서 큰 소음과 가스까지 배출되고 있었다. 그것 때문에 잠시 힘들었다. 기분이 나빠서 그만 달릴 수도 있었다. 해안 산책로를 따라 뛰면서 공해에 질식당할 것 같았다. 그러나 나는 바다와 햇빛과 신선한 공기에 집중했다. '공사 중인 100미터 거리의 도로 때문에 남은 7,900미터의 상쾌한 거리를 달리지 않는다는 것이 말이 되는 걸까?'라고 생각했고, 그 100미터가 7,900미터를 망치지 못하게 했다. 집중이 열쇠다.

길을 따라 내려가며, 기운차게 걷는 마음에 드는 중년 남자와 함께 좁은 도로를 건넜다. 나는 아는 척을 하는 것이 얼마나 중요한 것인가를 이제 알기 때문에 그에게 좋은 아침, 하고 인사했다. '좋은 아침'이란 이 한 마디가 내 하루를 기분 좋게 만들 수 있다는 것을 나는 안다. 그리고 역시 그렇게 기분이 좋아졌다. 그 중년의 남자가 친절하게도 '좋은 아침'이라고 대답을 해주었기 때문이다. 그의 '좋은 아침'은 통통 터지는 벨 소리처럼 크고 깨끗했다. 그의 미소처럼 그의 '좋은 아침'은 그의 마음에서 우러나오는 것이었다. 나는 기분이 아주 좋았다.

달릴 동안 나는 이코노미스트The Economist, 런던에서 나오는 경제 주간지의 오디오 파일을 들었다. 나는 달릴 때면 언제나 세상에서 일어난 일을 따라잡는다. 이건 꿩 먹고 알 먹는 일이다. 계속해서 나를 발전시키는 일은 매우 중요하며 나는 그 일을 매일 하고 있다.

마침내 해변에 도착했다. 거기가 내가 멈춰 서는 곳이다. 햇빛은 가득했지만, 겨울 중턱이라 물은 차가웠다. 나는 한숨을 돌린 후 말 그대로, 비유적으로 말하면 나를 물속에 던져 넣었다. 물은 찼지만 수영이 원기를 회복하게 할 것을 알았기 때문에 남은 하루를 더 기분 좋게 지내기 위해 잠시 동안 불편해지는 쪽을 선택했다. 우리는 자주 불편함을 피하기 위해 쉬운 길을 선택한다. 그러나 그것이 꼭 올바른 길이라는 것을 의미하지는 않는다. 그것은 우리가 원하는 것을 가져다주지 않을 때도 있다.

하지만 나는 언제나 이런 모든 것을 알지 못했다. 이런 것을 집이나 학교에서 배우지 않았다. 긴 시간, 조직적인 일을 한 뒤 한 사람의 어른으로서 배운 것이다. 그러나 그것은 내 인생을 바꾸는 데 도움이 되었다. 어렸을 때 나는 항상 무언가 결핍감을 느꼈다. 언제나 선택되기를 기다렸지만, 선택되지 못했다. 끊임없는 불만과 언제나 '왜?'라는 질문이 머릿속을 떠나지 않았다. 왜 인생은 내게 이렇게 불공평한 것일까? 인생의 많은 부분에서 행복하지 못했던 것을 기억한다.

그 모든 세월 동안 나는 많이 괴로워했지만, 고통에 휩싸여 있었기 때문에 나는 괴로움의 이유를 깨달을 여유가 없었다. 드디어

나는 내 길을 찾았고, 내 삶은 바뀌었다. 나는 언제나 낙원에 있지 않았고, 자주 내가 원하는 무언가를 성취하도록 나 자신을 관리하지 못했다. 그러나 비록 넘어질 때라도, '나는 나를 일으켜 세우고 먼지를 털어내고 다시 새롭게 시작한다.'는 노래처럼 일어났다. 그리고 나는 실수를 통해 배운다. 밤에 거울을 보면 거기에는 내 원수가 아닌 친구가 있다. '모든 문제는 선물'이라고 한다. 그러나 대부분의 사람은 그 선물을 열기도 전에 던져버린다. 나는 인생의 선물을 여는 법을 배웠다. 또 이런 말도 있다.

> 문제가 더 적어지기를 희망하지 말라.
> 대신 문제를 해결하는 더 좋은 기술을 희망하라.

그게 맞다.

마술 안경

사용하던 선글라스가 부서져서 새로운 것을 사려고 마음먹었다. 똑같은 것을 사려고 했는데, 그 제품은 이제 더 이상 나오지 않는다고 한다. 안경 종류에 대해선 나는 조금 보수적이다. 그런데도 안경사는 좀 새로운 걸 한번 써 보라고 나를 설득하며 편광 선글라스를 권한다.

"그거 정말 좋습니다!"

그는 웃음을 띠고 내게 말한다. 편광 선글라스를 끼고 밖으로 나가 시험해보았다. 정말 좋다. 예전에 볼 수 없었던 것도 이제는 알아보게 되었다.

오늘 긴 연휴에 나를 만나러 온 딸들을 데리러 공항에 갔다. 나는 사람 구경도 할 겸 일찍 도착했다. 일요일 밤이었고 입국장 게이트는 붐볐다. 비즈니스 슈트 차림의 사람들은 고객들을 기다리느라 이름이 프린트되어 있거나 마커로 이름을 쓴 A4 사이즈의 카드를 들고 있었다. 금발인 내 앞의 두 명의 소녀들은 똑같은 옷을 입은 것이 쌍둥이 같다고 생각했다. 그들은 입국장 분리대에 반은 그네를 타듯 흔들고 반은 균형을 잡으며 매달려 있었다.

그들은 놀고 있었지만 그러나 때때로 하나가 잘못해서 다른 쪽을 밟으면 몸싸움을 벌이다가 다시 놀았다. 조금 떨어진 곳에는 유쾌해 보이는 두 남자가 누구를 기다리는지 각각 꽃을 들고 서 있었다.

모든 종류의 사람들이 입국장 게이트를 통해 나왔다. 흑인과 백인, 그리스인과 외국인, 젊은이와 노인, 혼자인 사람과 짝을 이룬 사람들, 천하태평으로 보이는 사람들과 용의주도해 보이는 사람들, 웃는 사람들과 찌푸린 사람들, 어떤 때는 성격이 나쁜 스머프 같아 보이는 사람이 나왔다.

어떤 사람은 자기가 방금 지나온 자동문으로 다시 들어가려고 하는 바람에 안전 요원이 막아섰다. 안전 요원은 그 남자를 데리고 나오면서 그다지 잘하지 못하는 영어로 규칙을 설명하려고 노력했다. 안전 요원이 냉정을 되찾기까지 조금 시간이 걸렸다. 바로 그때 그 '쌍둥이' 엄마가 나왔고 그 소녀들은 엄마의 품으로 돌진해갔다. 엄마가 무릎을 꿇고 아이들을 품에 안으면서 그 셋은

하나가 되었다. 그 광경을 보더니 내 옆의 여자가 "오오···." 하고
흐뭇해했다.

우리는 잠시 서로 눈길을 주고받으며 웃었다. 그다음으로 나온
사람은 두 남자가 꽃을 들고 기다리던 커플이었다. 사실, 환영 파
티에는 두 사람이 더 있었다. 세 번째 사람은 커플의 이름을 든 카
드를 들고 있었고, 네 번째 사람은 그 모든 장면을 촬영하고 있었
다. 처음 두 사람은 그리스 국기 무늬에 하트 모양의 장미를 꽂아
가지고 있었고 그것을 웃음을 터뜨리며 입국장으로 들어오는 친
구들에게 주었다.

잠시 후 그 여섯 명은 한꺼번에 서로 반갑게 껴안았다.
그다음은 내 차례였다. 딸들은 커다란 종이비행기를 가지고
나와 내 팔에 안겼다. 이제는 우리가 하나가 될 차례였다. 딸들을
본 지 사흘이 지났을 뿐인데도 그 사흘이 영원 같았다. 그 사이
에 딸들은 더 자란 것 같았고, 더 예뻐진 것 같았다. 딸들을 껴안
고 한참 동안 있었다. 작은딸이 껴안은 팔을 풀더니 내 어깨에 올
라타겠다고 했다. "안 돼!"라고 말하면서도 나는 윙크하면서 딸을
안아 올렸다.

내 귀를 말고삐 잡듯이 잡고 작은딸은 우리를 밖으로 조종해
갔다.

그 마술 같은 안경을 사기를 정말 잘한 것 같다.

그것은 내가 몰랐던 것들을 보여주었다.

당신은 혼자가 아니다

당신은 둘이다. 결코 혼자가 아니다. 그것을 이해하는 데 몇 년이 걸렸다. 내가 그 사실을 이해했을 때 내 인생이 바뀌었다.

이 이야기를 나 자신에게 꼭 해 주어야 했는데, 어찌 된 영문인지 나는 계속 미루어왔다. 크리스티나라는 친구가 고맙게도 이것을 상기시켜주었다. 그녀가 어느 날 전화를 해 왔다. 그녀는 우리 자신과 아이들, 그리고 인생에 대해 의미 있는 대화를 할 수 있는 사람이다.

"내가 왜 전화했는지 알죠?"라고 그녀가 말했다.
"왜 했어요?"

"나는 행복해요. 이 말은 내가 진짜 행복하단 걸 의미해요. 그걸 말해주려고 전화했어요. 스테파노는 이해할 줄 알지요. 나는 이제 나 자신한테 무언가를 주는 것을 배웠어요. 아침마다 약속한 듯이 산책해요. 이른 아침에 30분 동안 산책해서 나 자신을 충전시켜요. 그러고 나면 온종일 방전되지 않죠. 그리고 이거 잘 들어보세요! 나는 또 일주일에 한 번씩은 근사한 해변에 가기로 나 자신에게 약속했답니다. 거기 앉아서 마음을 비우죠. 앉아있을 수 있을 만큼 최대한 오래 앉아있어요. 그 푸른 빛깔을 응시하면서 그 푸른빛이 내게 스며들게 하죠. 나 자신을 보살핀다는 것이 얼마나 행복한지 말로 다 할 수 없어요. 나 자신과 하나가 되는 것을 느끼죠. 거울 속의 나를 보며 웃는 거예요. 나 자신과의 관계가 더 좋아지면서 남편과 아이와의 관계도 더 좋아졌어요. 나는 지금 내가 행복하다는 말을 당신에게 하고 있어요."

나는 함박웃음을 짓고 부드럽게 숨을 쉬며 그녀의 이야기를 들었고 그녀의 말을 한마디도 놓치지 않았다.

"매일매일 나 자신에게 주는 것을 계속하고 싶답니다. 나 자신이 얼마나 소중한가를 깨달은 거죠. 내가 얼마만큼을 베풀든, 나 자신은 그걸 내게 돌려주네요."

당신은 당신 안에 또 다른 당신을 가지고 있다. 나는 그것을 이해하는 데 몇 년이 걸렸다. 다른 사람들도 나만큼 시간이 걸렸다고 말했지만 믿지 않았다. 당신 속의 그 또 다른 당신은 일이 꼬일 때도 절대로 불평하지 않지만, 신경은 쓰일 것이다. 당신이 행복할 때도 당신의 자아는 아무 말 하지 않지만, 그때는 알코올의 도움 없이도 기분 좋게 취해 있는 상태일 때처럼 모든 사람을 사랑하게 될 것이다.

당신의 인생은 당신 자신과의 관계다. 그 관계를 유지하는 데 일반적으로 사람들은 게으르다. 자신을 배려하지 않는다. 스스로에 대해 험담하고, 인정하지 않고, 가끔은 혐오하기까지도 한다.

당신 자신이 당신에게 아주 중요한 타인이라고 생각해보자. 만약 당신이 그 중요한 사람들에게 종일 잔소리나 한다면 그게 무슨 관계이겠는가? 아마 그 타인들은 당신에게 초저녁에 짐을 싸서 나가라고 했을 것이다. 그게 당신 자신이 하는 일이기도 하다. 한 가지 문제가 있다면 당신은 당신 안의 또 다른 당신을 떨쳐버릴 길이 없다는 데 있다. 당신과 당신의 자아가 쌍둥이처럼 들러붙어 있기 때문이다. 당신은 가련한 자아를 갈가리 찢어 놓았지만, 당신의 자아는 당신에게 뭐라고 말할 길이 없는 것이다. 그러면 자아는 화가 나고 우울해지고 당신은 약을 먹기 위해 자신을 정신과 의사에게 데리고 가서 점점 더 많은 약을 먹게 된다. 그러고 나면, 그러기를 바라지는 않지만, 암에 걸리게 되고 화학요법 치료를 받게 된다. 당신의 가련한 자아, 또 다른 당신은 의사를 원하는 것이 아니다. 그것은 오로지 한 가지, 그것도 당신에게 원한다.

그것은 바로 사랑이다.

스스로에게 좋게 말하라. 그리고 웃어줘라. 잘 먹여라. 8시간의 휴식을 취할 수 있도록 해라. 책을 사 주고, 산책하게 해 주고, 함께 걸어라. 함께 운동하라. 함께 앉아 있어라. 자아의 말을 들어라. 당신의 자아는 당신에게 할 말이 많다. 그러나 매번 말하려고 할 때마다 당신이 티브이나 소셜 미디어, 그리고 다른 시끄러운 세상 소음 쪽으로 돌아앉으면, 당신의 자아는 슬퍼진다.

당신 자신을 당신의 자녀처럼 사랑하라.
꼭 껴안아 줘라.
함께 울어라. 아마 당신의 자아도 울어야 풀릴 일이 있을 테니까.
그건 부끄러운 일이 아니다. 그렇게 하는 것이 당신을 구원하는 길이다.

당신에게는 두 존재가 있다.
그것을 명심하고 이해하면 인생이 달라질 것이다.
미안하지만, 당신의 인생은 정말 달라질 것이다.

95

전화 한 통

그녀와 한동안 이야기하지 못했지만 내 전화기에서 그녀의 이름을 볼 때면 행복했다.

"헤이, 잘 지내요?" 하고 나는 그녀에게 물었다.

"네, 잘 지내요." 그녀는 대답한다.

"당신! 당신 정말 행운아예요!"

만약 나를 짜증이 나게 하는 한 가지를 꼽으라면, 나는 사람들이 행운을 믿는 것을 꼽겠다.

"운이 없죠." 나는 그녀에게 말했다.

"나는 나의 행운을 만들었어요. 일을 많이 한 거죠."

"네, 알았어요. 그러나 당신은 언제나 운이 좋았어요."

우리는 평소보다 조금 더 수다를 떨고 나서 전화를 끊었다.

그리고 나서 나는 우리의 대화를 곰곰이 생각해 보았다.

나는 그녀에게 내 삶을 만들기 위해 새벽 5시에 일어난다고 말하지 않았다.

매일 30분간 달리고 일 년 내내 새벽을 깨우는 바다 수영을 한다고 말하지 않았다.

일주일에 책 한 권을 읽는다고 말하지 않았다.

매일 영감을 주는 온라인상의 강연을 본다고 말하지 않았다.

2001년 이후로는 티브이를 안 본다고 말하지 않았다.

세미나에 참석하느라고 아이들과 시간을 보내지 못한 주말이 얼마나 많았는지 말하지 않았다.

최고의 동기부여가 되는 강사의 강연을 듣기 위해 얼마나 많은 해외여행을 그것도 내 주머니를 털어서 갔는지 말하지 않았다.

나 자신을 알고 내 감정과 소통하기 위해 몇 년 동안이나 그룹 테라피에 참여했는지 말하지 않았다.

내 꿈을 현실로 만들기 위해 그리스 전역의 교육자들을 위한 프레젠테이션을 얼마나 많이 준비했는지 말하지 않았다.

좋은 몸을 갖기 위해 얼마나 철저히 다이어트를 했는지 말하지 않았다.

수년간 내 기적의 노트를 몇 권이나 채웠는지 말하지 않았다.

내가 아는 것이 무엇인지를 알기 위해 친구들과 낯선 이들과 얼마나 많은 대화를 나누었는지 말하지 않았다.

내 목표에 대해 생각하는 시간을 얼마나 가졌던지를 말하지 않았다.

얼마나 많은 밤낮을 호흡 연습과 명상에 투자했는지 말하지 않았다.

죽을 것처럼 피곤했을 때 거울을 보며 몇 번이나 나 자신에게 긍정 확언을 했는지 말하지 않았다.

나는 이 모든 일을 죽을 때까지 계속할 것이라고 말하지 않았다.

아마 그건 내게만 중요한 일이기 때문에 말하지 않았을 것이다.

당신의 꿈이 무엇인지는 크게 중요하지 않다. 중요한 것은 당신의 꿈을 실현하기 위해 얼마나 기꺼이 모든 노력을 다하는가이다. 당신이 어떻게 성공했고, 얼마나 열정적으로 계속하고 있는지를 설명해야 할 때가 오면, 성공하기까지 당신이 무엇을 했는가는 이야기하지 마라.

그냥 그것은 행운의 문제가 아니란 말만 하라. 당신이 그것을 위해 일했다고만 말하라.

삶을 편안하게 받아들여라

그는 수년간 나의 치과 주치의였다. 우리의 아이들은 같은 학교에 다녔다. 어느 날 운전 중에 그가 내게 전화한 것을 보고 다시 전화를 걸었다. 그의 조수가 받았다.

"니코스 좀 바꿔주세요."

조수가 전화를 바꿔주었다.

"이봐, 스테파노! 샤르마가 다음 주에 런던에 간다고 들어서 전화했어요."

로빈 샤르마는 내가 좋아하는 작가 중 한 명이고 니코스는 내가 그를 얼마나 좋아하는지 안다.

"니코스, 농담하는 거요?"

나는 기대감 때문에 어지러울 정도였다. 그는 내게 자세한 내

용을 이메일로 보내겠다고 약속했다. 나는 샤르마의 마지막 워크숍에서 기록한 메모를 보내겠다고 했다.

우리는 함께 산책하자고 약속하고 전화를 끊었다.

나는 아테네의 교통 체증을 사랑한다. 그 체증 속에서 혼자만의 시간도 갖고, 전화도 걸고, 일도 진척시킨다.

그래서 친한 친구 중의 하나인 엘레니에게 전화를 건다. 그녀는 잘 속아 넘어가는 사람이라 나는 그녀를 속여 먹는 것을 좋아한다.

처음에 그녀는 내 목소리를 알아듣지 못했다.

"누구세요?"

"작가."라고 대답하고는 우리 둘은 빵 터졌다. 이야기하고 서로 놀려먹으며 통화했다.

"자 이제 일해야지. 아시겠지만."

전화를 끊을 듯 그녀는 그렇게 말해 놓고 다시 킥킥대기 시작한다. 우리는 오는 토요일에 만나기로 약속한다.

전화를 끊고 나서 나는 다시 좋아하는 연사의 강연을 듣는다. 이 사람은 나를 정말 고무한다. 잠시 후 나는 펜그라티의 복잡한 지역으로 다시 들어간다. 나는 그 지역의 주요한 도로상에 있는 은행에서 몇 개의 서류에 서명해야 한다. 차를 주차시키고, 간이 노점에서 찬물을 한 병 산 다음 은행으로 들어간다.

나는 담당자를 발견한다. 그녀는 유능하고 예의 바른 사람이다. 앉아서 그녀에게 신분증을 주고 서류에 서명한다.

"이제 가서도 됩니다."라고 그녀가 말한다. 2분도 채 걸리지 않았다.

"벌써요?" 하고 내가 묻는다.

"네, 벌써요." 그녀가 웃으며 대답한다.

몇 년간, 편안한 삶을 누린다는 의미에서가 아니라, 내게로 오는 일들을 받아들인다는 의미에서 나는 삶을 쉽게 받아들이기로 했다. 비록 바다가 깊고 파도가 거세더라도 나는 내 마음을 열고 위험을 감수하는 것을 좋아한다. 나는 이제 예전에 수영하지 않았던 바다에서 수영하는 것을 좋아한다. 그렇다고 나 자신을 낯선 바다로 밀어 넣는 무리한 행동은 하지 않는다. 많은 사람은 삶은 상류로 거슬러 노를 젓는 것이라 생각하는데, 나 역시 그랬다. 그러나 나는 그런 생각을 떨쳐 내기로 했고, 그때부터 모든 일을 바로잡아 나갔다. 그리고 그때부터 삶을 편안히 받아들이기로 했다. 삶은 쉽게 다가왔다. 나는 내 삶에 웃음을 보내고, 내 삶은 그 웃음을 내게 돌려준다. 내가 내 삶을 껴안으면 삶은 또 나를 껴안아 준다. 결국 모든 일은 거울과 같다.

은행 출구에서, 비상구의 유리 칸막이에서 문을 열어 놓고 낯선 사람이 웃으며 나를 기다리고 있다.

"함께 나갈까요?"라고 그가 말한다.

"네." 하고 나도 웃으며 대답한다.

"우리 둘이 같이 나가면 여기 사이즈에 맞기나 한가요?" 하고, 분명히 둘이 같이 나갈 수 있는데도 내가 슬쩍 덧붙인다.

"물론, 맞습니다!"

그 역시 웃으며 말한다.

"안녕히 가세요."

떠나면서 내가 말한다.

"네, 그쪽도!"

차에 타고, 시동을 걸고, 나는 다시 좋아하는 연사의 강연을 튼다.

다시 고무된다.

근사하고 편안하다.

헌신

내 멘토 중 한 사람이 워크숍에서 했던 이야기다.

플라톤과 소크라테스가 고대의 광장인 아고라를 걷고 있었다.

"스승님, 인생에서 원하는 것을 어떻게 얻을 수 있습니까?"

소크라테스는 그의 질문을 무시하고 계속 걸었고, 플라톤은 다시 물었다. 역시 대답은 없었다.

어느 시점에 그들은 물탱크에 도착했다. 갑자기 소크라테스가 플라톤을 움켜잡더니 그의 머리를 물속에 처박았다. 플라톤은 너무 놀라서 빠져나오려고 했지만, 소크라테스가 그를 못 나오게 아래로 밀어 넣었다. 얼마 지나서 플라톤은 숨을 헐떡이며 머리를 끄집어냈다.

"스승님, 미쳤어요? 인생에서 원하는 것을 어떻게 가질 수 있을까를 질문했는데 저를 물에 처박다니요?"

"네가 인생에서 원하는 것이 필요할 땐 네가 방금 숨을 헐떡인 만큼 노력하면 얻을 수 있을 거야."

현명한 스승은 그렇게 대답했다.

무슨 이유에서인지, 우리는 일의 시작점까지는 아니더라도 일을 하다가 어느 지점에서인가 그만둔다. 결과를 원하지만 결과를 획득하는 데 필요한 육체적인 노동을 하기를 원하지는 않는다. 크게 성공한 할리우드 스타들에게 경외심을 가지지만, 그들은 자신의 모든 것을 꿈을 위해 투자하고, 꿈을 삶보다 더 중요하게 여기며, 어떤 장애물이든 개의치 않고 노력을 멈추지 않는 사람들임을 좀처럼 생각하지 않는다. 우리는 계란을 깨트리지 않고 오믈렛을 만들기를 원한다.

다음의 이야기는 실제 있었던 이야기다. 애플의 창시자 스티브 잡스가 18살이었을 때 직업을 찾고 있었다. 그는 그때 당시 전성기를 구가하던 아타리의 사무실에 갔다. 그는 접수계 직원에게 사장을 만나고 싶다고 말한다.

"약속하고 오셨습니까?"
"아니요."
"그렇다면 사장님을 만날 수 없습니다."
"사장을 만나지 못하면 여기서 안 나갈 겁니다. 당신이 나를 밖으로 모시고 나가야 할 겁니다."

잡스는 그 번득이는 눈빛을 쏘며 대답한다. 접수계 직원은 사장의 비서에게 전화한다.

"여기 사장님을 뵙겠다고 고집부리는 미친 사람이 있어요. 똑똑해 보이긴 합니다. 사장님이 5분의 여유만 있다면 이 사람을 만나주셨으면 합니다."

얼마 뒤 사장은 그를 만났고, 고용했다. 잡스는 그 직업을 얻으러 갔던 것이다. 그는 단단히 결심했다. 차선책도 없었다. 그것이 바로 헌신한다는 의미다.

사람들이 '노력해보겠어요', '바라건대', '그러길 바라' 그리고 그런 부류의 하나 마나 한 이야기를 한다면 믿지 마라.

그들은 '노력하지도', '바라지도', 그러길 '희망하지도' 않을 것이다. 그들이 "나는 미친 듯이 열심히 할 거예요.", "성공은 죽느냐 사느냐의 문제죠."라고 말하는 것을 듣는다면 그 사람이 바로 성공할 사람이다. 미지근한 물에 계란을 삶을 수는 없다. 물은 반드시 끓어야 한다. 그리고 당신의 심장도 매일 당신의 꿈으로 끓고 있어야 한다. 그리고, 물론, 서둘러야 한다.

그러면 당신이 인생에서 원하는 것을 가지게 될 것이다.

내 딸들도 그것을 안다. 잡스 이야기를 해주고 난 뒤에 딸들에게 물었다.

"이제 헌신이라는 것이 무엇을 의미하는지 이해하겠니?"

"네, 이해해요. 이해해요!"라고 아이들이 대답했다.

"그럼 그게 뭔지 아빠한테 이야기해 봐."

"자신과 약속하고 절대 포기하지 않는 것."

아이구 예쁜 내 딸, 잘 아는구나!

잘못

　나는 언제나 틀릴 것이다. 언제나. 나나, 당신이나, 그리고 모든 사람은 언제나 틀릴 것이다. 처음 들으면 이 말은 이상하게 들린다. 그러나 뒤집어 보면, '틀릴 것이다'라는 것은 진화를 뜻한다. 오래전에 사람들은 세상이 평평하다고 생각했다. 이제는 그렇지 않다. 그런 다음 지구는 움직이지 않는다고 했지만, 지금 지구는 움직인다.

　오늘 당신은 뭔가를 믿는다. 그것에 대해 확신할 수도 있다. 어떤 때는 철석같이 믿는다. 그러나 내일 무엇을 알게 될지, 무엇을 배울지, 당신에게 어떤 일이 일어날지 오늘의 당신은 모른다. 오늘, 당신은 당신이 모른다는 것을 모른다. 그러나 내일은 당신의 친구다. 그것은 지식과 경험, 그리고 깨달음을 당신에게 가져다줄 것이다.

내일은 당신이 알았던 것을 뒤집을 것이다. 오늘의 당신은 어제보다 더 옳은 것을 많이 알지만, 내일 알게 될 것보다는 적게 알고, 모레 알게 될 것보다는 훨씬 더 적게 알고 있다. 그런데도 틀렸다는 것이 뭐가 나쁜가?

당신에게 당신이 틀렸다고 말해주는 것이 사람들이 당신에게 줄 수 있는 가장 큰 선물이다. 그러니 그렇게 말해주는 그들을 우습게 생각하지 마라. 그들에게 귀를 기울여라. 마음을 비우고 그들의 생각이 들어올 수 있게 하라. 그들은 당신의 생각과 잘 맞을 수도 있겠지만 그것은 또 다른 이야기다. 새로운 것을 받아들일 여지를 남겨두라. 그 새로운 것은 당신을 밝히고, 따뜻하게 하고, 자유롭게 하고, 그리고 앞으로 나아가게 할 것이다.

내 친구의 이야기다. 그녀의 여동생이 결혼했을 때, 그녀는 신랑이 별로였다고 확신했기 때문에 여동생을 극도로 화나게 했다. 우리는 모두 신랑이 훌륭하고, 그녀의 여동생에게 헌신했다고 생각했으며, 행복하게 해줄 것이라 확신했다. 그리고 신랑은 그렇게 했다.

내 친구의 예측이 틀렸기 때문에, 내 친구가 여동생이 행복한 모습을 보기까지는 몇 년이 걸렸다. 그녀는 틀리고 싶지 않았을 것이다. 우리 모두가 틀리고 싶지 않아 하는 것처럼. 그러나 결국에 그녀는 여동생 덕분에 행복했고, 그 누구보다 더 행복했다.

또 다른 친구가 있다. 그는 정치적 상황, 주위의 상황, 일, 결국 모든 현실에 대해 끝없이 불평한다. 나는 해결책을 제안하곤 한다. 해결책이 그의 눈앞에 있는데 왜 그가 못 보는 것인지 나는 의아했다. 그러고 나서 나는 뭐가 어떻게 된 건지 깨달았다. 그가 원하는 것은 해결책이 아니었던 것이다. 그는 옳고 싶었다. 그의 문제는 그의 소일거리였다. 그는 해결책을 찾자는 것이 아니라 와서 함께 놀자고 부탁했던 것이다.

항상 옳은 것을 원하는 것은 처음에는, 당신이 다른 사람들보다 약간은 수준 높은 것처럼, 당신을 기분 좋게 만든다. 그러나 그건 비싼 대가를 치러야 하는 일이다.

어렸을 때 우리는 올바르게 행동하라고, 건강한 논쟁을 해야 한다고, 그 옳은 것을 지켜야 한다고, 그리고 확신을 가져야 한다고 배웠다. 틀린 것은 약한 것이라고 배웠다. 우리는 귀 기울이는 법을 배우지 않았고, 강한 사람일수록 어떤 일을 다시 생각하고, 새로운 것을 배우고, 그리고 마침내 진화한다는 이치를 배우지 않았다.

어느 날 내 멘토가 우리에게 물었다.

"옳은 것을 원합니까? 행복한 것을 원합니까?"

골라서 선택하라.

오직 사랑만이 남는다

일찍 잠자리에 들라. 당신의 하루는 전날 밤부터 시작된다.

잠자리에 들기 전에 펜과 종이에 다음 날 할 일들을 정리하라. 일을 운에 맡기지 마라. 하루는 한 달로, 한 달이 모여 몇 년으로 바뀐다. 당신은 오직 한 번만 산다는 것을 명심하라.

당신의 삶을 소중히 여겨라.

일찍, 정말 일찍 일어나라. 만약 당신의 두뇌가 당신에게 더 자라고 한다면, 그 말을 듣지 마라.

당신이 원하는 것을 확실히 해두기 위해 당신의 두뇌와 협상하는 법을 배우라.

당신만을 위해서가 아닌, 훌륭한 아침 식사를 만들어라.

샤워를 즐겨라. 모든 걱정은 샤워실 밖에 남겨둬라.

멋지게 입어라.

거울 속의 당신을 보며 미소 지으라. 당신 자신에게 다정하게 말하라. 당신은 당신의 가장 좋은 친구다.

그곳이 어디든 밖으로 나가서 최소한 20분은 걷거나 뛰어라. 당신의 심장을 따뜻하게 데워줄 것이다.

걷는 동안 귀를 기울여라. 그러면 영적인 사람들로부터 영감을 주는 일들을 듣게 될 것이다.

만나는 사람에게 미소 지으라. 비록 그들이 대답하지 않는다고 해도 좋은 아침이라고 말해줘라.

그들이 대답하지 않는 데는 이유가 있을 것이다.

당신 주변의 아름다움을 관찰하라. 아름다움은 어디에든 있다.

당신의 일을 좋아하지 않더라도 기분 좋게 일하러 가라. 필요하다면 다른 일을 찾아라.

그러나 당신이 일터에 있는 한, 열심히 일하라. 그것이 당신 자신을 존중하는 방법이다.

돈을 많이 벌지 못하더라도, 당신이 받는 돈의 열 배를 생산하는 만큼 일하라.

그건 당신의 일을 위한 것이 아니라 당신을 위한 것이다.

적당한 시간에 사과나 바나나 같은 간식을 먹어라. 그건 쉬운 일이다.

물을 많이 마셔라.

깊게 호흡하라. 별로 우아하게 보이지 않더라도 배를 부풀려서 호흡하라.

> 당신 자신을 세상에서 가장 중요한 사람처럼 보살펴라.
> 실제로 그렇다. 단지 사람들이 그렇게 말하지 않는 것뿐이다.

하루 중 15분은 책을 읽을 시간으로 마련하라. 소셜 미디어를 보는 시간을 제한하라. 티브이를 켜지 마라. 당신에게 시간이 없다는 말은 거짓말이다. 시간은 있다. 그 시간은 누구도 당신에게 주지 않는다.

깊이 생각하고, 질문하고, 책을 읽어라. 당신의 신념이 불변하는 확실한 것이라고 생각하지 마라.

당신 자신을 밖으로 데리고 나가라. 영화를 보러 가든지, 어디든 가고 싶은 곳으로 당신을 초대하라. 당신 자신을 사랑하고 존중한다고 느낄 필요가 있다. 당신의 인생은 당신 자신과의 관계다. 그리고 글을 써라. 그게 당신에게 좋다. 그것은 당신의 영혼을 진정시킨다.

인생의 아름다움을 계속 적어라. 최소한 하루 100가지 정도의 아름다움은 있다. 그것들을 적어라. 만약 적어놓지 않으면, 그 아름다움은 당신에게 인사도 없이 떠난다. 내 멘토는 그 아름다움들을 기적이라고 불렀다.

당신이 걸을 수 있다는 사실조차도 기적이다. 그런 것을 적어라. 그런 것을 그냥 지나치지 마라. 노트에 당신의 목표를 적고 계속해서 업데이트해 나가라. 다시 그 목표들을 보고 수정하라. 그것들이 당신 인생의 나침반이다.

당신 자신과 함께 시간을 보내라. 그것은 당신이 외롭다는 것을 뜻하는 것이 아니다. 두려워하지 말고 혼자만의 시간을 가져라.

혼자 있을 수 없고 언제나 티브이나 라디오를 틀어 놓는 것은 좋은 일이 아니다.

좋은 친구를 늘 사귀고, 무언가 당신보다 많이 가진 사람들, 당신이 열망하는 것들과 좋은 관계를 유지하라. 그들을 두려워하거나 부러워하지 말라. 그들은 당신을 보다 높은 차원의 세계로 안내할 것이고 당신은 당신이 알고 지내고 싶어 하는 그런 종류의 사람이 될 것이다. 목표를 높게 설정하라.

당신의 이웃을 사랑하되, 당신 자신부터 먼저 사랑하라. 당신에게는 당신 외에 아무도 없다. 당신이 가장 중요하다. 자신을 속이지 마라. 당신은 이 세상에 와서 모든 것을 남겨두고 떠난다. 당신의 자녀도, 당신의 자동차도, 당신의 돈도.

남들이 어떻게 생각하는지에 대해 걱정하지 마라. 그들의 말을 듣기는 듣되, 당신 자신이 당신에게 하는 말을 먼저 들어라.

험담하지 마라. 당신의 일에만 신경 쓰라. 당신이 단속해야 할 유일한 사람은 당신 자신이다.

언제나 좋은 일을 하라. 특별히 당신이 잘 알지 못한다 해도 도움이 필요한 사람들을 도우라.

당신의 자녀들만이 당신의 가족이 아니다. 모든 사람이 당신의 가족이다. 그렇게 사는 것이 행복해지는 유일한 길이 될 것이다. 다른 길은 없다.

다른 사람의 행복을 기뻐하라.

행운을 믿지 마라. 당신의 행운은 당신이 만든다. 그것을 이해하면 당신의 삶이 바뀔 것이다.

인생의 최대치를 살아라. 웃을 때는 정말 진실로 웃으라. 울 때 울고, 아프면 아파하라. 당신은 도자기로 만들어지지 않았으므로 깨지지 않는다.

모든 해결책은 당신의 마음과 정신 안에 있다. 볼륨을 줄여라. 소음을 끄면 해결책들이 당신에게 나타날 것이다. 사람들이 당신 안에 신이 있다고 하는 것은, 바로 그것을 뜻하는 바이다.

당신의 마음과 정신 모두를 사용하라. 언제 마음을 사용하고,

언제 정신을 사용해야 할지를 발견하는 것은 훌륭한 요리사가 언제 소금을 넣고 언제 후추를 치는지를 아는 것처럼 당신에게 달려 있다.

죽을 때까지 매일매일 진화하라. 눈을 감고 꿈을 꾸라.

오직 사랑만이, 당신이 받았고 당신이 베풀었던 사랑만이 세상의 마지막 날에 당신의 여행 가방에 담겨 갈 것이다.

오직 사랑만이 남는다.

고마운 얼굴에게
가만히 내놓는 선물 같은 책

그리스의 베스트셀러 『세상의 모든 선물』을 옮기기로 한 이유는 친구와 그리스어 공부를 하던 때가 갑자기 떠올라서였다. IMF 무렵, 미국에서 철학 박사 학위를 하고 막 돌아온 친구는 내게 그리스어 공부를 같이하자고 제안했다. 마침, 내가 일하던 신문사 건너편 빌딩 오피스텔 주인이 마음씨 좋은 선배여서 관리비만 내고 있으라고 했다. 철학 공부를 하면서 그리스어를 모르면 무슨 할 말이 있겠느냐는 그럴싸한 명분이야 있었지만 둘이 하는 공부가 제대로 될 리 없었다. 둘은 그리스어 교재를 앞에 두고 그리스어 외에 다른 말을 하면 벌금을 내기로 약속했다. 관리비는 벌금을 모아서 내기로 했다. 매일 저녁, 두 시간 동안 공부했지만 둘이 하는 공부가 무슨 진도가 나갈 리가 없었다. 서로 벌금을 내지 않기 위해서 우리가 할 수 있는 유일한 방법은 웃음밖에 없었다. 그때 어렴풋이 알았다. 웃음이 말하고자 하는 바를 정확하게 전달할 수 있다는 것을. 그 무렵은 암담한 시기였다. 갑자기 직장을 잃고 생활고에 떠밀려 강물에 아기를 던지거나 일가족이 스스로 목숨을 끊는 일이 많았다. 수업이 끝나면 이미 어두워진 창밖을 둘이서 말없이 지켜보곤 했다. 친구도 언제 대학에 자리를 구할 수 있을지 막막해했다. 잠시 말하지 않았던 모국어를 다시 소리 낼 때는 냉정한 현실로 돌아온 듯해서 이미 어두워진 창밖보다 더 마음이 검어지곤 했던 기억이 그대로 남아 있다. 이제는 기억에도 없지만 숫자, 계절, 명사, 동사를 익혀 나가다가 1,000원씩 벌금을 내던 그때가 얼마나 행복한 순간이었는지, 그때도 우리는 알았을 것이다. 그리스어 수업은 그리 오래가지 못했다. 친구는 대학에 자리를 잡게 되었고 저절로 그리스어 수업도 끝났다.

고대 그리스의 철학자 아리스토텔레스는 인간이 추구하는 최고의 가치는 행복이라고 했다. 우리는 행복하기 위해 살고 있다. 그런데 불행한 일들이 너무 많이 일어나니까 행복은 점점 줄어든다고 생각할 수밖에 없다. 그래도 행복은 사람이 지구에 살기 시작한 이래 난민과 망명, 전쟁, 팬데믹으로 얼룩진 여기 이 시절에 여전히 우리를 인도하는 꺼지지 않는 등불이다. 그리스어를 공부하던 때로부터 20여 년이 후딱 지난 지금 이 책을 옮기며 그 무렵이 자꾸 떠올라 웃음 짓곤 한다. 이미 지나갔지만 그때 친구와 함께했던 그리스어 수업 시간이 행복한 순간이었구나 하고 뒤늦게 안다. 그것은 지금의 행복이다.

저자는 주어진 현실 속에서 만나는 수많은 사람과 자신의 일상 생활을 기록하며 우리에게 작은 생활에서 발견하는 기쁨이 얼마나 거대한지를 이야기한다. 그리고 저자 자신도 포함해서 우리가 늘 미적거리는 일들을 어떻게 처리해야 하는지도 명쾌하게 보여준다. 저자의 말처럼 때로 '그 빌어먹을 내일'이 오지 않을 때도 있으니까. 나는 그동안 지쳐 있었고, 사막과 빙하 마을 사이를 여기저기 옮겨 다니며 근심스러워했을 때였다. 내가 써야 할 원고가 풀리지 않으면 이 책을 읽곤 했다. 그런데 어느 순간 내게 이상한 변화가 찾아왔다. 이 책에서 말하듯 나는 늘 새벽에 잠이 깨어 산책하러 나가곤 했고, 모르는 사람에게 먼저 인사말을 했다. 택시에서 내리거나 물건을 사거나 전화를 하거나 할 때 고맙다는 말이 저절로 나왔다. 쓸쓸하고 막막하고 때로 억울하게 여겨졌던 일들도 평화롭게 내게 말을 걸어왔다. 이 책의 앞 장에 있듯 부모님에게 사랑한다고 말할 수 있을 때 말해야 한다는 글을 보고 나는 불현듯 열차를 타고 산기슭 산소에 찾아가 혼자서 노래를 몇 곡 신나게 불러드리기도 했다. 티브이를 별로 보지 않게 되었고 사적이지만 드러난 공간인 SNS에서도 누군가를 비난하는 어떤 말도 쓰지 않게 되었다. 바위 같은 날짜들을 내내 등에 지고 내면화시키느라 고민하던 문제들이 조금씩 평화롭게 찾아왔다. 이런 사소한 변화도 바로 이 책으로 받은 선물일 것이다.

정말 우리에게는 갑자기 내일이 오지 않을 수도 있다. 이 책은 주어진 시간을 어둠 속의 등불처럼 쓰고 그 등불이 가까운 이들을 비춰주는 길은 어디 있는지, 아주 조금이라도 나은 세계를 위해서 남아 있는 시간을 어떻게 써야 할지를 소박하고 친근하게 전해 준다. 지금 나는 고마워할 일이 많다. 여기 이 생에서 불가능할지도 모르지만 타국 땅에서도 새벽마다 청바지 모델이 되기 위해 두 발로 연습하며 걸을 수 있다는 사실 그 자체만으로도 고맙다. 우주의 중력 속에서 아직 흩어지지 않고 살아서 숨 쉬고 걸을 수 있다는 이 현실은 정말 내게는 기적의 선물이다.

책을 옮기다가 저자가 인용한 니코스 카잔차키스의 『신의 구원자』에 나오는 말을 읽다가 빙그레 웃었다.

우리의 몸은 깊고 푸른 물 위를 항해하는 선박이다. 우리의 목표는 무엇인가? 난파되는 것이다.

이 문장을 읽으며 숲에 쏟아져 내리는 겨울 하오의 햇빛처럼 가만히 옅은 양광에 목이 드리워지기도 했다. 저자는 달걀을 깨어야 오므라이스를 만들 수 있고, 미지근한 물에는 달걀을 삶을 수 없다고 한다. 열정을 품고 무엇엔가 쉼 없이 헌신하라고 한다. 누구도 행운을 가지고 태어나는 것은 아니며 행운은 만드는 것이라고 한다. 영어판을 보고 옮기는 동안 내게 일어난 사소한 변화는 강렬하면서도 평화로웠다. 우리는 불가능한 일에 대한 갈망이나 무엇인가 될 수 있었는데 하는 배반의 욕망이 있고, 그래서 더더욱 다른 사람이 아닌 지금의 남루한 현실에 대한 후회와 분노가 깊다. 현실은 우리의 기대와 자주 어긋난다. 그래서 집착과 황폐한 고통이 욕망 이상으로 우리를 고문하기도 한다. 저자는 말한다. "수난과 운명의 난해함, 실패와 실수는 빛 속에서 드러나기 때문에 언제나 두 번째 기회가 있다. 그리스 성지 아토스산의 수도원에서는 '일곱 번 넘어지면 여덟 번 일어나라.' 그것을 아토스산은 부활이라고 부른다."라고.

이 책은 자신과 약속하고 절대 포기하지 않는 태도가 무엇인지 알려준다. 운에 맡기지 말고 현실을 직면하라고. 저자는 무력함과 두려움 속에 젖어 있는 우리의 얼굴을 빛나게 하고 용기를 내게 하는 것은 날마다 소박하게 실천하는 일이라고 담담하게 전한다.

이 책을 옮기며 자신도 모르게 변해가고 있는 내 모습을 발견하고는 했다. 두 차례 백신 후유증, 두통과 고열, 한기로 힘들어하던 시간을 지나 번역을 마치고 나는 스스로 또 다른 나 자신에게 말을 건다. 인생은 용기다. 결코 술수가 아니라고.

이 책은 친구가 친구에게, 딸이 아버지에게, 아버지가 딸에게, 어머니가 맏이에게, 누군가 이름만 기억하는 고마운 얼굴들에게 가만히 내놓은 선물이며 약속 같다. 밀린 숙제를 하나씩 마감하며 여행 가방을 열면 그 안에서 기다리고 있는 대평원처럼, 그 무렵 그리스어 공부를 하던 때처럼 행복과 푸르른 용기를 새롭게 품는다. 이 책을 읽는 독자 여러분들이 직접 세상의 아름다운 이야기를 하나 더해서 '일상을 기적으로 만드는 100가지 이야기'로 완성해주기를 기대해본다.

2021년 12월 문형렬(소설가)